图书在版编目（CIP）数据

“生命语文”探索：焕发语文生命力的思考与实践/王自成著.
—南京：江苏凤凰教育出版社，2015.6
ISBN 978-7-5499-4773-7

Ⅰ.①生…　Ⅱ.①王…　Ⅲ.①语文教学—教学研究—
中小学　Ⅳ.①G633.302

中国版本图书馆 CIP 数据核字（2015）第 030189 号

书　　名　“生命语文”探索——焕发语文生命力的思考与实践
作　　者　王自成
责任编辑　午新生　雷利军　唐彩云
出版发行　凤凰出版传媒股份有限公司
江苏凤凰教育出版社（南京市湖南路 1 号 A 楼　邮编 210009）
苏教网址　http：//www.1088.com.cn
照　　排　润星之源文化有限公司
印　　刷　三河市华润印刷有限公司
厂　　址　河北省三河市杨庄镇杨庄村
开　　本　787 毫米×1092 毫米　1/16
印　　张　13.25
字　　数　184 千字
版　　次　2015 年 6 月第 1 版　2015 年 6 月第 1 次印刷
书　　号　ISBN 978-7-5499-4773-7
定　　价　30.00 元
网店地址　http：//jsfhjycbs.tmall.com
邮购电话　025-85406265,85400774　短信　02585420909
E - mail　jsep@vip.163.com
盗版举报　025-83658579

序　言

语文，人类精神生命的“信托体系”

许多年前，曾有人劝我，是不是也提出个“××语文”的理论。我也的确曾萌生过这一念头，但当研究了当时流行的许多“××语文”之后，就有些胆怯了。因为语文就是语文，一旦在它的前面加上某一限制语，往往只是缩小了语文的外延，非但没有丰富其内涵，反而让“一汪深碧”变成“一池浅浊”了。我想，我有什么权利给博大精深的语文加上限制语呢？当然，如果为了某种正当的需要，也可以在它的前面加上某个限定词语，但这只能基于两个目的：一是使语文的内涵变得更集中，更突出，更显豁；二是为了针砭语文教育的时弊而有所强调。既然如此，那么这限制语就必须满足两个条件：其一，它必须直指语文教育的核心或本质，否则必然会引起误解，甚至给人以误导；其二，它所针对的必须是最大时弊或最本质的时弊。如果只是为了标新立异，那实在没有多大意义。当然，若是为了树个旗号，立个山头，则另当别论。遗憾的是，许多“××语文”似乎都难以满足这两个条件，而我也想不出更好的“××语文”来，所以也就只好作罢。

与王自成老师接触之后，了解了他提出的“生命语文”理论，不久前，我又收到他关于“生命语文”的书稿。看到“生命语文”四个字，再仔细阅读他的书稿，我发现他对“生命语文”做了许多思考，探索也比较深入，尤其是有大量实践作为支撑。我不得不重新思考他所提出的“生命语文”的概念。在将“生命语文”与当今流行的许多“××语文”进行比较之后，我认为“生命语文”可能是比较有价值的提法，它也许最能触及语文教育的本质。我忽然觉得，“生命语文”似乎符合我的所谓

“直指本质，直指时弊”这一要求了。

语文教育最能显示教育的生命价值，语文是人类心灵的“综合体操”。生命具有自然生命与精神生命的双重含义，而精神生命才是人的生命的本质。从这个角度说，语文教育应该是直指生命的。

也许人类栖居于两个世界构成的共同体中，一是自然世界，二是语言世界。语言构建了人们赖以进行一切精神生活的概念框架。英国犹太裔哲学家迈克尔·波兰尼说：“我们最根深蒂固的信念是由我们习用的语言所决定的，我们用该语言来诠释我们的经验，来建立我们的言述体系。我们正式宣称的信念能被认为是真的，归根到底只是因为，我们先在逻辑上接受了一套特定的语汇，我们与实在的所有关联都是由此建构的。”人活在世界中，更活在语言中，语言构成了人的本质性世界，语言是人的精神生活、社会生活的基本依托。或者按英国哲学家维特根斯坦的理解，语言构成了人类的世界图景。所以，德国哲学家海德格尔告诉我们，语言乃存在之家。甚至，我们是否可以这样推论——正是语言构成了我们精神生命的总和？

语文，就其内容而言，应该包括三个层面：第一个层面是语音、文字、词汇和语法，这是最表层的东西；第二个层面是语言的技巧，如修辞、章法、为文技巧等；第三个层面是人们赖以进行一切精神生活的概念框架，基于现实世界的虚拟的世界图景，我把它叫作思维图式和精神图式，这是人类精神生命的“信托体系”。第三个层面才是语文的真正内核。而纵观当下，我们的语文教育似乎离此越来越远了。在这样的背景下，王自成老师重视语文教育的生命内涵，是有其现实意义的。

作者生命、作品生命、读者生命构成了语文教育的生命体系。在这个作者、作品、读者三位一体的生命场中，丰富学生的精神世界，激活学生的生命体验，激发学生的精神追求，提升学生的生命境界，无疑是语文教育的目标。为此，教师必须充分挖掘作品的知识价值、情感价值、智能价值和创造价值，引导学生走进作者的心灵世界，回归作者的生命体验，以此来拓展学生的生命时空，绘就学生的精神底色，最终使语文教育走进学生的心灵，使学生由精神的“旧我”变为精神的“新我”。仔细翻阅王自成老师的书稿，我发现他正有这样的追求。他将自己的生命体验融入教育教学，充分挖掘和还原作品的生命价值，引领学生感悟、体验文本的丰富内容和思想感情，唤醒学生的生命感受，点燃学生的生命激情，升华学生的精神境界。这些可贵的探索，令人感叹。

王自成老师的书稿完成之后，要我作序，尽管我觉得自己没有作序的资格和条件，但他作为我工作室的成员和我的好友，能出版自己的专著，是件好事，更何况他的“生命语文”的提法确实颇有价值，他的探索也富于启发性，于是我就写下了上面的话，权当塞责。

胡立根

2014 年 8 月 25 日

于深圳羊台山

胡立根，中学正高级教师，特级教师，教育部国培专家库专家，广东省首批名师工作室主持人，深圳市首批教育科研专家工作室主持人，广东省优秀教师、劳动模范。他提出汉民族传统思维具有“具象的抽象”特征的学术观点，被视为研究中国古代寓言文化心理的重要参考。其语文教学价值论研究在全国具有开创性意义和较大的影响力，相关论文被视为改革开放以来我国语文教材研究的代表性论文。

目 录

CONTENTS

第一章

人生："生命语文"的追梦之旅

第二章

理念："生命语文"的探索与思考

第三章

实践："生命语文"的尝试与创新

人生 第一章 “生命语文”的追梦之旅

回顾成长历程，我觉得自己就是一个在坎坷教育之路上追梦前行的人。经过长期的教育教学探索与实践，我确立了追寻“生命语文”教育梦想的路。在这条寻梦之路上，充满艰辛与坎坷，洒满汗水与泪水，也洋溢着甜蜜与幸福！

第一节　追梦语文，生命绽放

这是我在新教育博客《汝水浪花——青春与梦想同行》中的公告：

在人生的大海上，我只是一颗并不引人注目的小水珠，但我不会做五彩的泡沫，而要成为飞溅的浪花……

我只是一名普通的语文教师，没有出众的才华，没有过人的本领，只会默默地做些力所能及的事，尽到教师的职责和本分，但我心中有一个追求“生命语文”教育理想的坚定信念。我在教育在线论坛上注册的网名是“汝水边人”，头衔是“教育追梦人”。我认为，人生因梦想而美丽！回顾成长历程，我觉得自己就是一个在坎坷教育之路上追梦前行的人。冰心说：“成功的花儿，人们只惊羡它现时的明艳，然而当初它的芽儿，浸透了奋斗的泪泉，洒遍了牺牲的血雨。”泰戈尔说，只有经过地狱般的磨炼，才能炼出创造天堂的力量；只有流过血的手指，才能弹出世间最美的绝唱。追逐“生命语文”教育理想的路，充满艰辛与坎坷，洒满汗水与泪水，也洋溢着甜蜜与幸福！

一、乡村飘零，理念萌芽

1987 年，我考上师范学校。1990 年参加工作时，我对教育事业充满激情，但残酷的现实让我感到非常沮丧。那时我的工资很低，每月只有 70 元钱，甚至很长时间领不到工资，要从老家带粮食维持生活。残酷的现实使我不能安于教育工作。我不想当教师，想通过别的渠道改变命运。我想做公务员但没有成功，又到河南省漯河市的一家公司做业务员，到郑州市的一家公司做讲师，可是感觉都不理想。我想发挥自身的特长去电视台应聘播音员，最终还是没有成功。我想改变命运的愿望真是太强烈了！记得在漯河市应聘的那天晚上，秋风凄凄，我和妻子漫无目的地行走在华灯初上的大街上，看着纷纷坠落的黄叶，看着行色匆匆的路人，百般滋味涌上心头，我不由得唱起了那首《边走边唱》：

不要问我来自何方，不用打听我的去向。匆匆的脚步，穿过大街小巷；匆匆的脚步，走进人海茫茫。流浪，流浪，这个打工的少年郎；流浪，流浪，这个打工的少年郎。不管漂泊的脚步在哪里靠港，我也要边走边唱……

孤独、寂寞、凄苦、无助袭上心头，我仰天长叹，泪流满面：天地之大，哪里才是我的出路？

毕业后几年的时间浪费得太多，我现在回想起来真的很后悔。没有固定的目标，没有明确的方向，我就像一只没有牵线的风筝，在空中飘荡；像一叶没有根基的浮萍，在水面飘零，不知道什么时候才能够有所依靠，有所成就……

现在回想起来，当时虽然我的思想在动摇，脚步在踟蹰，但我在想改变命运的同时，并没有放弃在语文教学专业领域的追求。还记得参加工作第二年（1991 年），我们县的语文教研员魏老师听了我的语文课，对我的课评价很高，1995 年平顶山市举行优质课比赛时，他推选我代表县里参赛。为了讲好《生命的意义》这节课，我多次试讲，教案修改了 30 多次，每次都有 8 页，纸张摞起来有一本书厚。在教研室邵长江主任的指导下，我反复研读课文，与保尔进行心灵对话，揣摩他的内在情感。公开课引起学生和现场老师的情感共鸣，在平顶山市优质课评比中获奖。那时，我心中有了“生命语文”教育理念的萌芽，认为要上好课，就要引领学生真正进入文本，走进人物的心灵并与之对话。

二、 城市任教， 开阔视野

2000年，我到郑州市的一所外国语中学任教。在那里，我的视野变得开阔起来。那是一所国际化学校，办学规格很高，学校教师都是全国各地的教学精英。其中有一名教师是河南名师，课上得特别好，我跟她学习，掌握了很多教学策略。学校的校长是享受河南省政府津贴的教育专家，他很器重我，带我到北京参加了中国教育学会中学语文教学专业委员会（以下简称“中语会”）读写课题组观摩课比赛。在北京，我见到了张厚感先生和陈金明先生，受到大家的勉励，开始自觉致力于语文教学的思考与实践。

2000年之后，我调到河南省襄城高中任教，感到自己学识浅薄，开始加强学习，弥补自身知识结构的不足，注重专业发展。

首先，向书籍学习。我广泛阅读中文、教育、哲学等方面的书籍，看得最多的是语文教育理论方面的书籍。于漪、肖川、程翔、钱理群、宁红彬、魏书生、钱梦龙、洪镇涛、程红兵、王荣生、李海林等的教育教学理论书籍，《李吉林与情境教育》《赵谦翔与绿色语文》《李镇西与语文民主教育》《韩军与新语文教育》《窦桂梅与主题教学》《给教师的建议》《陶行知教育文集》等书籍，我都广泛涉猎。阅读开阔了我的视野，使我能站在更高的层面审视语文教育，然后加以分析判断，寻找适合自己的专业成长之路。

其次，向同事学习。学校的语文教研组组长擅长作文教学，我就一节节地听他讲课，认真做好记录。遇到有特殊情况无法听课时，我就根据他所教的学生记录的笔记进行总结整理。这样坚持了三年时间。我听过许多优秀教师的课，并汲取众家之长，结合自身的特点灵活运用。

再次，向名家学习。2003年3月，学校组织一些教师到漯河市听课，我听说有赵谦翔老师作课，就积极争取听课名额，但没有成功，于是我就自费去听课。这次听课我收获很大，回校后向全教研组教师做了汇报。2005年10月，河南省第五届优质课比赛在郑州市举行，我与学校其他六位语文教师参加了此次活动。三天时间，我每天上午和下午听课，中午和晚上到网吧写评课笔记。我对每节课进行点评，写出长达两万多字的河南省优质课比赛点评文章。这些内容上传到教育在线论坛后，被评为精华帖子，之后又被许多网站转载。回到学校后，我把打印好的几十页笔记整理好，向语文组全体教师做了汇报。许多教师听了汇报后，觉得我的笔记记录翔实、评议得当，很有学术价值。时至今日，我还清晰记得当时上传听课笔记的情景：在烟雾缭绕的网吧内，几十个沉迷于网络游戏的青年大声地吆喝，我却坚持静心写作。三天中，我每晚都是12点之后才回宾馆睡觉。我感觉“有言在胸，不吐不快”：有好的创意、亮点，及时记录并为我所用；有失败之处，进行诊断，引以为戒。而这些收获，很多可能都会转瞬即逝。

对于许多语文教育名家的境界，我是“虽不能至，心向往之”。通过接触赵谦翔老师，我了解到他在东北时创设了“东方时空”课程，到清华大学附属中学任教后，没有了在东北的环境，他就根据学校的特点，开发了“感悟清华”课程。一方面，我看到每个名师都生活在现实中，他们的改革创新都会受到现实条件的制约；另一方面，我了解到名师之所以为名师，就在于他们无论在哪里，都能因地制宜，找到当下教育生活的契合点，进行新的改革与创造。这正是名师的魅力所在。他们，永远是站在高处引领我们的旗帜！

三、教育在线，放飞心灵

2005年，一个偶然的机会，我登陆了教育在线论坛，被里面丰富多彩的内容和一些教师执着追求的精神深深打动了。我欣喜若狂，看到了一个又一个充满活力的卓越教师。

肖盛怀（网名云中逸客），一个乡村初中教师，他的学历很低，却在短短两年多时间内，通过上网写作和教育在线“李镇西之家”的版主，成为班主任论坛的特约编审，发表了40多篇文章，成为湖北省仙桃市教育教学先进个人，中国教育学会会员。魏智渊（网名铁皮鼓）、干国祥，两个师范学校的毕业生，在朱永新老师的带领下，通过自己勤奋地读书、思考、实践、写作，成为教育在线论坛的专家，引领着中国的教育事业走向光明的未来。还有李镇西、窦桂梅、袁卫星等，他们都在用自己的实践书写着中国教育史上崭新的篇章。

他们的成功都与一个人——新教育领军人物朱永新有关。教育在线网站上有这样一则消息：

朱永新成功保险公司开业启事

……

本公司宗旨：确保客户利益，激励客户成功。

参保对象：不限。但尤其欢迎教育界人士，因为教育的成功是中华民族伟大复兴的基石。

投保金额：不限。从数元至数千元任您自选。欢迎万元以上大客户。

保期：十年。

投保条件：每日三醒自身，写千字文一篇。一天所见、所闻、所读、所思，无不可入文。十年后持3650篇千字文（计360万字）来本公司。

理赔办法：如投保方自感十年后未能跻身成功者之列，本公司以一赔百，即现投万元者可成百万富翁（或富婆）。

本公司只求客户成功，不以赢利为目的。所有利润将全部捐赠希望工程。

欢迎投保，欢迎垂询！保单索取：webmaster@eduol. com. cn

朱永新成功保险公司

2002年6月26日

朱永新的新教育实验基于行动，召唤着无数热爱教育的教师执着追求。在他的召唤、激励下，我也开始了自己的新教育追梦之旅。

记得那是2005年6月28日，强烈的阳光照射着大地。我买了电脑后，在教育在线网站进行注册，网名为汝水边人，意思是汝河边的人。

之后，我将主题帖命名为“汝水浪花”。我抑制不住激动的心情，在电脑上用颤抖的手敲下了我正式网络写作的第一段文字：

在巍巍的首山脚下，在美丽的汝水之滨，矗立着一所现代化的学校。这里花团锦簇，绿草如茵；这里书香飘飘，人文意味浓厚。一个刚刚与教育在线相恋的人，开始了他的追梦之旅。他要在教育在线上成长，要向李镇西、魏智渊、肖盛怀、赖联群等老师学习，记下自己每一天真实的想法、做法，让梦想伴着教育在线飞翔！尽管每天的教育教学生活是琐碎的、繁杂的，但他都会从中撷取几朵浪花，因为只有不停止追梦的脚步，心儿才能飞翔！最近连续看了李镇西老师的《爱心与教育——素质教育探索手记》《走进心灵——民主教育手记》《从批判走向建设——语文教育手记》《心灵写诗——李镇西班主任日记》等著作，看了魏智渊、肖盛怀、赖联群等老师的手记，看了苏霍姆林斯基的《育人三部曲》《给教师的建议》，他的心中便萌生了创作的冲动。每一个在教育在线上成长的人都会经历这样的过程。就像一个刚刚出生的婴儿，睁大那双好奇的眼睛打量着这个陌生的世界，然后为了表达自己快乐的心情，他向世界发出自己的第一声啼哭。

李镇西老师说：“我与很多老师一样工作、学习、生活，如果我算是成功的，我与许多老师不一样的是，我把自己的思考写了下来。”事实的确如此。李老师写出了许多优秀的作品。许多活跃于教育在线论坛的教师都见证了他写作《心灵写诗——李镇西班主任日记》的过程。他每天找一个学生谈话，写一篇教育日记，读一万字的书等。他白天工作太忙，《心灵写诗——李镇西班主任日记》大都在晚上完成更新。许多登陆教育在线的教师每天都守候论坛等他更新。更新的时间经常是在午夜前后，他简直是个工作狂。《心灵写诗——李镇西班主任日记》记的就是他所在班级里发生的事情、他的思考、他的解决办法等，他就是这样在一天天书写着教育的传奇。

此外，魏智渊写了《冬去春又来》，于春祥写了《春祥夜话》，干国祥写了《破译教育密码——干国祥教育教学 15 年集粹》，张刘祥写了

《且行且思——基础教育工作手记》等，许多教师都在这种每日写作的状态中快速成长。他们用思考和文字建造精神的大厦，用心灵和才情书写教育的诗篇。这些教师现在都成了当今中国很有影响力的卓越的教师。

激情一旦被点燃，生命就会熊熊燃烧！2005年7月，我自费到成都参加朱永新教授主持的新教育实验研讨会，学习李镇西、袁卫星、郭初阳、干国祥等名师对语文教育的深度研究。名师们的成功经历极大地鼓舞了我，更坚定了我对教育的信心。2006年7月，我到北京再次听了朱永新教授的报告，听了韩军老师的课，参观了清华大学附属小学和北京市六一中学，在语文教学上有了新的感悟。

每一次学习，都是一次思想的洗礼，一次灵魂的蜕变。朱永新教授说过，新教育要使全体新教育人过一种幸福完整的生活。我感觉这些话真的说到自己心窝里了。我在追求一种梦想，一种素质教育，一种人文教育，一种理想的教育，一种使学生、教师、家长、学校、社会都能够和谐发展的教育。

受新教育名师的启发，我也开始大胆改革，深挖语文教学内涵，拓展语文教学外延，进行快乐教学、激情教学。我发挥善于朗诵、演讲和亲和力强的优势，课堂上时而激情飞扬，时而悲情低吟，时而引吭高歌，时而缓缓倾诉，用富有表现力的诵读充分展示语言的美、情感的美、艺术的美……通过睿智的引导与学生一起品味文字、感悟生活、享受人生！

我拿起了笔，开始在实践中反思，写下自己对教育的点滴感悟和思考。我告诉自己：即使我是一只慢慢爬行的蜗牛，也决不会停止前进的步履，哪怕是不断向前爬！我写了很多教育教学随笔，如《难以承受的生命之重——2005年高考回眸》《成都千里追梦之旅》《镜中生活》《不求你最优秀，只求你最快乐——女儿家教手记》《新语文课堂》《新作文课堂》《新读书笔记》《河南省2005年优质课比赛听评课记录》《“生命语文”教育理念的探索与实践》等。我在《新风教育》《文化时报》《教育时报》《新语文活页》《学习报》等报刊上发表了大量文章；主编《作文背诵宝典》等三部作品，参编十几部教学著作；被《新风教育》作为封面人物推介。我在博客“汝水浪花——青春与梦想同行”上发布了600多篇文章，约100多万字，被录入中国博客名人网。

这一次次写作犹如一颗颗思想的石子，经过岁月磨砺，正在结成一串串熠熠闪光的珍珠！我执着于教育的精神也感动了许多教师，鼓舞了许多有理想的教育者。我的思想一天天成熟，那跳跃的文字渐渐幻化为一朵朵思想的浪花……

四、参与课题，专业阅读

中语会阅读推广中心主任孟素琴老师退休前是河南省教研室中语室主任，她为河南的语文教育积极努力，带头进行“语文教师专业成长的途径与方法”课题的研究与实践，力求从读书研究、课例研究、专项研究等方面提高全省语文教师的专业素质。

到深圳任教前，我受到孟素琴老师精神的鼓舞，开始慢慢静下心来，进行相关的研究与实践。孟老师为广大教师推荐语文阅读的重点书籍，尤其推重王荣生和郑桂华老师的书籍，而我也非常认可这两位课程论专家的思想，主要读了王荣生的《语文科课程论基础》《听王荣生教授评课》，郑桂华的《听郑桂华老师讲课》，以及魏智渊的《构筑合宜的大脑》和王崧舟的《王崧舟讲语文》等书。

《语文科课程论基础》是语文课程论方面的奠基之作，理论性强。作者建构了一个语文课程理论的世界，从语文教育的归属体系、语文课程论的辩证分析、破解语文学科的“性质难题”、语文课程目标分析框架的破与立，从分析框架运行的三种方式——课程取向、文化意识、知识状况，从语文教材中关于“语文教材内容”“语文教材体系”的理论问题，从语文教材的选文类型鉴别——定篇、例文、样本、用件等多个方面提出了自己的理论。在书的最后，作者对语文课程改革提出建议——国家课程标准立足于目标的制订和导向的指引而具有合宜的容纳能力，标准的实施应侧重在具体形态课程内容的研制，使语文教材只能以“供选用”

的面目出现。

《听郑桂华老师讲课》是一本好书。郑老师认为，语文课应该是语言的体操、思维的体操——让学生在课堂上学习语言、培养语感，训练思维、发展思维。她提出的最有价值的思想是，语文课应该凸显文本的核心价值和文本自身具有的独特的语文特点。如《安塞腰鼓》的词语、句式的选择与内容、情感表达的一致性，《想北平》中个性化的景物，《拿来主义》的形象说理和个性表达。郑老师告诉我们，不要过分强调预设，最好在对话中生成教学内容；应注重把握教学节奏，关注学生之间的相互学习。她的另一大贡献是提出"阅读教学与文章体式"，并以《荷塘月色》为例来说明散文教学的阅读图式：① 区分对象的基本特征（"写了什么过程"：记事、抒情、明理）；② 梳理文章的结构线索（"是怎么呈现的"：时空转换过程、情感变化过程、认识与思考推进过程）；③ 探讨文章记录的对象与记录过程、记录手法的联系及文章的语言特点（"记录得怎么样"）。就《荷塘月色》而言，就是采用"地点（走）—景色（看）—情绪（想）"的图式。

《构筑合宜的大脑》是新教育教师的专业发展项目用书，对指导教师专业成长具有现实意义。第一，它谈了教师的阅读误区，如读流行书籍、与成功学相关的书籍，读介绍教学技巧的书籍等。书中以《班主任兵法》为反例，批评这样的书不是着眼于孩子的发展，而是把孩子当成对手来治理和对付。书中非常推重佐藤学的《静悄悄的革命》中所描述的师生关系："润泽的教室"给人的感觉是教室里每个人的呼吸及其节律都是那么的柔和。新教育的倡导者认为，教育是实践性很强的领域，只有围绕问题的阅读才能够真正改变实践，即使是元理论的领悟，在很大程度上也与自身的问题息息相关。教师不能去做那些与自己的实践没有关系的研究，否则，就只是知道了许多概念，而在词语的丛林中迷失了自己。第二，它试图为我们描绘一幅专业阅读的地图：对于任何一个具体的专业领域而言，都存在着一个最合理的知识结构，专业成长过程中必然会经历一种"浪漫—精确—综合"的有机过程；对每一门类知识的掌握，都存在一条由浅入深的路径；对每一个教师而言，都存在着一条独一无二的阅读路径，也总会有一本最适合自己的书。第三，它告诉我们如何阅读：回到原点，读根本书籍；进行知性阅读，“吃透”根本书籍。第四，它为教师介绍了一些根本书籍。如介绍了语文教师的根本书籍：《汉字密码》《修辞学发凡》《唐宋词十七讲》《人间词话》《语文科课程论基础》《听王荣生教授评课》《语文教学内容重构》《成功无捷径——第 56 号教室的奇迹》《美的历程》《古老的回声》等。可以这样说，如果沿着这样的地图坚持走下去，一定会走到一个语文教师专业成长的新境界！

而《王崧舟讲语文》则为我们展现了“诗意语文”的美好境界。王老师作为“诗意语文”的奠基者，提出了崭新的语文教学理念。第一，语文要复活感性，回到语言的生命源头。第二，文本细读，徜徉在语言之途，可以从文本阅读、作者阅读、读者阅读三个方面走向文本学习的三重境界。第三，生命对话，走向语言的视界融合：学习的核心是理解，对话是生命的关怀，感觉要多向度敞开。回归感性、多角度细读、生命对话，是支撑王崧舟老师提出的“诗意语文”的三根支柱。王老师提出的理念是真正关乎生命成长的教育理念，与我主张的“生命语文”教育有异曲同工之妙。我认为，文本课程有生命，学生有生命，教师有生命，教学手段有生命，语文教育就是实现生命之间的和谐共振。

五、 加盟深圳， 主题学习

2009 年后，我开始接触深圳市新安中学吴泓老师的“高中语文专题学习”课题，认为吴老师的这种“整本书共读”的专题式学习才能真正丰富、提高学生的语文素养，才是高中语文学习的正确方法。吴老师的博文最初都发表在新安中学的校内网，后来被转载到新浪网。我把这些专题内容全部下载，仔细研读，也设想在自己的教学实践中开展类似的课程。

2012 年，我有幸成为深圳市梅林中学的教师，有机会近距离地接触吴老师和他的课堂，逐渐领会了吴老师的教学理念——以海量的主题阅读来啃读一本本根本书籍，重视学生语文素养的积淀，为学生的终身发展奠基。

2012年6月，我成为深圳市“胡立根名师工作室”成员，得到胡立根老师的指导与帮助。胡老师的课题“构建高中语文主题读写学习新体系”是基于主题性阅读和研究性写作而提出的，其理念与吴老师的理念异曲同工。吴老师突出整本书的阅读与研究性写作，而胡老师既强调基于整本书的阅读与研究性写作，还注重基于同主题的选文的阅读与研究性写作，同时形成了阅读、写作、文言的训练体系，构建了一个主题学习与系统训练相结合的读写学习体系。胡老师准备编写32本书，作为高中一、二年级的学习教材。我钦佩胡老师的雄心，不揣才智疏浅，跟随胡老师前行。在胡老师的指导下，我读了部分文言著作，积极探究文言学习的方法，并主编了一本文言训练教材。

2013年下半年，我开始了深圳市福田区公益性课题“基于‘生命语文’理念的高中语文主题学习研究”，系统梳理了国内外“生命语文”教育理念的研究现状，读了800多篇相关论文，也更明白了自己的使命——明确“生命语文”的教育理念，构建基本的学习范式，尤其是“语文主题学习”的范式，形成鲜活的课程范例，推广研究成果，改变当前语文教育缺乏生命价值的现状，还语文教育以“生命化”的本质。同年，我有幸成为深圳市福田区现代优秀教师高级研修班成员，在深圳大学李臣教授等的指导下，对课题研究、课程开发有了更深入的认识。

近一年来，我与梅林中学的几位同人深入开展“语文主题学习”研究，带领学生从粤教版必修教材出发，进行了“唐诗宋词”主题学习、“唐之韵”主题学习、小说主题学习、苏轼主题学习、《论语》主题学习等。学生在主题读写活动中提升了语文素质，教师则在活动中进行发掘与创造，师生共同提升学习能力，提升生命境界。

六、教育追梦，生命语文

我深知，教师只有具备专业思想，才能让教育的生命之树常青。我开始努力思考语文教育的真谛，探索适合自己的教学范式。在实践中，我汲取于漪的激情教学、韩军的诵读教学、邓彤的活动教学、窦桂梅的主题教学、郭初阳的深度解读、洪镇涛的语感培养、李镇西的共享式对话学习等的营养，结合自己对语文教育的理解，渐渐形成了“以诵读、品味、感悟为手段，以培养语感、启迪思维、丰厚文化为目标，以还原课程内涵、焕发生命激情、提升生命境界为宗旨”的“生命语文”教育理念。我目前重点研究“阅读主题文本，理解内容思想；联系生活经历，搭建心灵桥梁；综合感悟思考，走向生命言说”的新语文主题课程学习范式。

我多次上公开课，最有代表性的当属 2000 年在中语会读写训练中心执教的研讨课《安塞腰鼓》，2007 年 3 月在河南省第十届语文教育年会上执教的公开课《将进酒》，2007 年 10 月在河南省语文优质课评比活动中获得一等奖的《归去来兮辞》，2009 年在全国中学语文鲁迅作品教学评优活动中获得二等奖的《记念刘和珍君》，2012 年在深圳市福田区执教的公开课“百味清明”，2014 年在深圳市福田区现代优秀教师高级研修班执教的研讨课“《论语》之信”。这些课中对语言的诵读与揣摩，对意境的想象与体味，对文本生命内涵的还原与挖掘，对学生生命的唤醒与激发，都鲜明地体现了“生命语文”教育的特色。

时过多年，我至今还记得 2007 年 10 月 15 日那天参加河南省优质课评比活动时的情景。

我执教的《归去来兮辞》安排在当天下午第二节课，正是人容易犯困的时候。下午第一节课的时候，我想再演练一下，但整个人却待在宾馆的客房里恹恹欲睡。我心里一惊，如果一直是这样的状态，到第二节课时岂不是很糟糕？我必须要改变！于是我就洗了一把脸，从客房来到宾馆外面的广场上。此时，天空中正飘着蒙蒙细雨，我站在广场上大声地诵读课文，认真演练着课堂上自己要说的每一句话。广场上，细雨纷飞，我却直冒汗，雨水与汗水交织在我青春的脸上。我神采飞扬，任自由的诵读声和讲述声在空旷的广场上回荡。那一刻，我把周围的环境全忘了，自己仿佛真切地感受到了1600年前陶渊明那豁达的心胸！一些在宾馆大厅休息的听课教师和宾馆的服务人员都静静地站在一旁观看，他们为我的认真和执着而鼓掌。那一刻，我仿佛是一个指挥千军万马的将军在挥师征战！我的头脑异常清醒，声音响亮，回荡在飘着蒙蒙细雨的广场上，回荡在自己的心中。很快，上课的时间到了，我带着这样的乐观自信和青春活力走进课堂，演绎了人生中难忘的一课——《归去来兮辞》，实现了师生的精神共舞。在课堂上，我引领学生与陶渊明一起除草、培苗，享受归隐之乐。这节课受到与会专家和教师的一致好评，成为一节经典的好课。大家说，王老师的课堂真正激活了文本，让静止的文字变成了活的生命，充满生命的律动，真正走进了学生心灵深处。

要让一群十六七岁的孩子真正理解课文内容并不容易。我先以激情洋溢的诵读感染学生，又以简明易懂的方式引导学生一步步地走近诗人，走进诗人的内心世界。以下是我对吟诵“登东皋以舒啸”这一句的细节处理。

师：同学们，你们有没有“放声长啸”或者“放声大喊”的经历？

生：有！

生：没有！

师：（指名）你当时是在什么情况下“放声长啸”的？

生：我当时的心情非常压抑，想释放一下。

（几名学生笑了。）

师：那现在你就带着释放的感觉诵读这一句。

生（激动地）：登东皋以——呼（舒）啸！

（笑声、掌声同时响起。）

师：太激动了，读错了一个字！别激动，再来！

生（纵情地）：登东皋——以——舒啸！

师：好不好？

生：好！

生：不好！

师：大家还不太满意！你应该把这个“舒”字彻底“舒”出去，登东皋——以——舒（气息充足、自由酣畅地）啸！

生：（完全进入角色，高昂着头，使出全力高声诵读）登东皋——以——舒——啸——！

……

师：大家体会到什么样的生命状态？

生：有活力！

生：有激情！

生：有生命力！

生：有一种“大河向东流”的感觉！

师：好！这是一种生命勃发的自由状态。请大家带着这样的感觉再次诵读，体会陶渊明自由的情怀。

我以自己的生命体验创造性地解读文本，帮助学生找到文本与自己人生的契合点，还原文本的生命本质，让原本静止的文字充满生命的律动。还原了语文鲜活的生命，唤醒了学生的生命情感，师生就会被语文的独特魅力深深感染，就会情不自禁地通过真情读写释放自己的生命激情。

就这样，我不断地在实践中追求“生命语文”课堂的三个维度。

本真的课堂：课堂上没有花哨的形式，有的是实实在在的引导与学习，是紧紧抓住“语言”与“精神”这两个核心，诵读文字，体会语气，揣摩情感，品味精神，用语言架起文本与学生心灵之间的桥梁，促进思维，培养语感，积淀文化底蕴，提升人生境界。

艺术的课堂：课堂上，激情的朗诵，诗意的品味，循循的诱导，睿智的幽默，科学的思路，谨严的细节，都应于朴素中透出艺术之美。海德格尔说，人，诗意地栖居在大地上。我觉得语文课堂也应该充满诗意——这里有潺潺的溪水，也有巍巍的高山；有天下的美景，更有古今的真情——我要与学生一起书写一首首动人的诗篇！有人说，教学永远是遗憾的艺术。而我的追求正在于不断弥补遗憾，让语文课堂处处洋溢着语文的本真，跳跃着生命的律动，充满着艺术的魅力！

生命的课堂：语文是有生命的，它不是平铺的纸张，而是立体的精神；不是冰冷的文字，而是蕴含着情感与智慧的生命。教师要充分挖掘与还原文本的丰富内涵，运用富有生命活力的教学手段，唤醒学生的人生体验，点燃学生的生命激情，升华学生的精神境界，使学生形成多元、丰富、深刻的情感与思想。课堂呈现给学生的不只是静止的预设，更有动态的生成。课堂上既有对教材内容和思想的把握，更有教师和学生情感的迸发与释放：教师的激情与睿智，成为燃烧的火炬，不断点燃学生的学习热情；教师激情引导，学生快乐学习，师生共享学习与成长的快乐；既充分尊重学生的主体性，又充分发挥教师的引导作用，让学生在教师的带领下真正实现心灵的飞翔。

中语会阅读推广中心主任孟素琴老师鼓励我说："感动于你的激情！希望你能快快地成长起来！"我清醒地认识到，追寻"生命语文"教育的梦想，就要在语文教育中付出真心，不断成长。

七、 生命成长，行者无疆

梳理我的教育成长历程，有四条"生命成长线"。

1. 精神成长线

我小时候总是受到父母、乡亲、老师的鼓励，一直都很自信，上初中后受到了班主任陈明池老师的影响，开始为改变命运而奋斗。初二时看了一本余心言的书，我明白了人要活得有意义。从教以来，到河南省襄城高中任教后受到年长同事的鼓励，我认为青年人应该有所作为；上教育在线后，受到有志教师的鼓舞而决定要绽放青春的美丽；2007 年获得河南省优质课评比一等奖之后受到孟素琴老师的激励，想要振兴河南教育；到深圳后得到胡立根等老师的启发，开发高中语文主题学习课程；参加深圳市福田区现代优秀教师高级研修班让我开阔了视野。经过多年的锻炼和发展，我的能力不断增强，精神境界逐渐提升。

2. 职业成长线

任教以来，我于1999年获得河南省许昌市优质课评比活动一等奖；2006年获得河南省教师演讲比赛第一名；2007年获得河南省优质课评比活动一等奖，代表河南省参加全国的比赛并获得一等奖；2009年先后获得河南省教师技能比赛、河南省示范课比赛第一名，在全国中学语文鲁迅作品教学评优活动中获得二等奖，被聘为河南省教研室高中语文学科中心组成员；2011年获得河南省优秀教学成果评比活动一等奖；2012年获得深圳市优质课例视频质量奖。我先后获得“河南省骨干教师”“中原课改名师”“河南省优秀语文教师”“感动深圳教育人物”（提名）等称号，成为广东省教师继续教育专家库成员，深圳市专家工作室成员，深圳市中小学教师继续教育课程主讲教师，福田区现代优秀教师高级研修班成员，福田区公益性课题主持人等。我促使自己不断努力上进，提升语文教育的境界。

3. 读书成长线

从1997年到2000年，我主要读了语文教学、心理学、教育学等方面的书。2002年之后，我认识了许多名师，开阔了视野。2005年接触新教育理念后，我的教育人生发生了质的变化，我开始网络阅读，参加新教育会议，大量实践、反思、写作。2009年参加新教育网络师范学院的学习活动后，我开始对“语文教师专业成长的途径与方法”这一课题进行研究，走向更为自觉的专业发展。2012年，我开始重视“语文主题学习”教学。2014年，我开始进行“全课程”的思考与阅读。

4. 专业发展线

在2007年执教《归去来兮辞》之前，我就开始探索“生命语文”的教育理念。首先是承担了课题“‘生命语文’教学理念的探索与实践”中的研究工作，然后在教学实践中不断探索。2008 年和 2009 年，《教育时报》在“中原课改名师”栏目以《汝水岸边追梦人》和《从生命语文到生命教练》为题，报道了我追寻“生命语文”教育梦想的心路历程。现在我又加入深圳市福田区公益性课题“基于‘生命语文’教育理念的高中语文主题学习研究”的课题组，开始研究“主题海量阅读与研究性写作”子课题，思考如何以语文为圆心，整体构建培养学生综合素养的大主题课程，已形成一定范式、课例，形成以“生命语文”为主题的教育专著。

反思我的成长历程，曲曲折折。应该庆幸的是，我经过漫长的寻觅之旅后，终于找到了自己的路！深圳是一方热土，这里名师荟萃，他们的深度阅读和锐意改革吸引、感召着我。名师工作室为教师搭建了成长的舞台。零距离接触深圳本土名家，聆听国内外名家的报告，到教育发达地区考察，这些都为我开阔视野、提升教育人生境界增添了新的助力！许多人类文化经典等着我们去阅读领悟，许多教育改革等着我们去实践开拓，作为一线语文教师，我们要站在人类文化的高度探索语文教育的真谛，帮助学生实现生命成长。四十不惑，我已锁定了“生命语文”“主题学习”的研究目标，无论未来的教育人生如何坎坷，为了心中的教育梦想，为了引领更多的孩子提升生命的境界，我将奋力前行，永不停止前进的步履！

第二节　编织多彩的语文生活

语文不只是板着严肃面孔的老夫子，也不只是课堂上正儿八经的听说读写。语文，其实就是生活的一部分。绚烂的语文之花可以开在语文学科教学的课堂上、花园里，也可以开在茶余饭后的街巷里、篱笆旁。只要有语言的地方，就有语文。因此，我们应该随时随地发现、捡拾生活中语文的璀璨珍珠，发现与欣赏生活中的语文之美，编织多彩的语文人生。

一、开学课：做“真、善、美”之人

新学期到了，开学典礼结束后是新学期的第一节语文课。我想通过这一课激发学生学习语文的热情，让学生明白语文学习的本质是学习做人。为了上好这一课，我准备了登载我发表的文章的《许昌日报》、登载当年河南省许昌市文科状元魏园园同学《英雄谁属》这篇文章的《汝颖专刊》，以及开学典礼上会用到的发言稿。

开学典礼结束后，我走出办公楼，刚好碰到我在复习班教过的已考上重点大学的学生李潇，于是我们就站在办公楼前聊了一会儿。

“王老师，谢谢您给了我很大的教益。”她说。

“真的么？”

“我印象最深的是您教我们怎么做人。”她的脸上呈现出严肃的神情。

“从什么地方能够看出来呢？”我问。

“您总是给我们读一些富有教育意义的文章，让我们深受启发。”她接着说。

“噢！我等一会儿就要去上语文课，也要谈到学习语文的意义：一是

考学，二是学习做人。”我告诉她。

“真的很感谢您！老师！”她很真诚地说。

我想起了这些天有许多学生给我打电话，告诉我他们要去大学念书了，十分感谢我的培养。我感觉自己很幸福。

与李潇告别后，我走进了19班的教室。

“上课！”我发出了指令，学生全部站了起来。

“老师好！”

“同学们好！”

我微笑着对学生说：“我有一个要求，那就是上课时一定要记好笔记。大家刚才参加了开学典礼，感觉怎么样？”

讲台下议论纷纷，显然，学生都很激动。

我让学生个别发言，并提了一个要求：为了让大家尽快认识彼此，发言之前先报一下自己的名字。

一名女生说：“我感觉心里痒痒的，说实在的，我真想像那些领奖的同学一样，我要向他们学习！”

又一名学生说：“我感到很震撼！”

“我感到很惭愧！”一名女生有些不好意思地说。

“为什么？”我追问道。

“因为我感觉自己不如他们！”她回答。

“其实你不用惭愧，昨天都已经过去，以后会怎么样全靠现在打拼！我们已经看到了，许昌市文科状元魏园园发言时是很自信的。她实际上也经历了一些挫折。她今年18岁，高三念了三年。”

话音刚落，我听到学生在议论。

“18岁？”学生都流露出惊讶的神情。

“是的，她只有18岁，但高三的确是念了三年。她在刚才开学典礼上的发言中说自己经历了一些挫折。她念高三的第一年报考北京大学，因差7分而没有考上。第二年她的学习状态很不好，整天以为自己胜券在握，不好好学习，结果连重点线都没有上。高考成绩出来后，她沮丧极了，整天闷在家里，感觉无脸见人。对她寄予厚望的爸爸没有责怪她，但自己整天喝闷酒，这其实比对她发脾气还要使她难受。后来她在班主任的动员下硬着头皮来到学校，第三次念高三，她开始老老实实地学习，状态出奇地好，最后就考出了理想的成绩！”

学生一阵嘘唏，原来状元是这样炼成的！他们也在思考自己该怎么做了。

“当然，也许有的同学现在的成绩并不好，但我们今天在开学典礼上也看到了，有很多以前成绩不理想的学生今年进了前 500 名，多好啊！我从高中一年级教到复习班，什么样的学生都见过，有的学生刚开始成绩不好，但后来赶上了；有的学生开始时成绩很好，后来却一落千丈。学习成绩的好坏主要取决于是否努力！”这时，我看到有些学生的眼睛里放出了光彩。

“我送给大家几句话。”说完，我转身在黑板上写下：把最简单的事情做好就是不简单，把最平凡的事情做好就是不平凡，把最渺小的事情做到极致就是伟大！“请把这几句话记下来，要养成好的习惯，做个有心人。”我说。

“现在进入正题。大家知不知道我为什么要问大家参加开学典礼的感想？”我问学生。

学生一脸不解。

“我的目的是告诉大家，生活中处处都是语文，我们应该做一个有心人。像开学典礼上校长、教育局长、县长的发言，许昌市文科状元魏园园的发言，李老师的发言，主持人的串联词，都是很好的语文学习内容。刚才大家都看到了一号教学楼上的对联。大家能够背诵下来吗？”

许多学生在回忆与背诵。

“上联是——树雄心/创伟业/襄高映彩多新秀；下联是——立壮志/展宏图/学子弄潮竞风流。”我说。

许多学生在跟着念。

“对联是语文学习中的一个重要内容。”我接着说，“这副对联最初在下联中用的是‘绘蓝图’，后来把它改成了‘展宏图’。究竟用哪一个更好呢？”

“当然是‘展宏图’！”

“为什么？”

“因为这样更有气势……”学生七嘴八舌地议论起来。

“大家注意它的描写对象是——”我提示着学生。

“是学子……”有学生小声地说。

“对，描写对象是‘学子’，是哪位同学说的？说得很对。请你站起来接着说。”我感觉是座位靠后的学生说的，可能是刚到新学校还有些害羞的缘故，那个学生没有站起来。

“可以说学子‘展宏图’，如果说学子‘绘蓝图’就不太好了。上联写学校，所以是‘创伟业’；下联写学生，所以应该是‘展宏图’。大家一定要注意描写对象的一致性。”我说。

学生会意地点头。

“好，现在我们来读一下。应该怎么读呢？要把我们的雄心壮志灌注在语言文字中。好，先听我读。”我酝酿一下情感，开始诵读：“树雄心/创伟业/襄高映彩多新秀；立壮志/展宏图/学子弄潮竞风流。”声音中蕴含着我澎湃的激情。读完后，我迅速伸出左手，在空中用力一挥，定格不动。教室里响起了热烈的掌声。

“好，现在请同学们自己诵读一下。”我说。

学生受到我的感染，个个摩拳擦掌，忘情地诵读起来。之后，我让他们齐声诵读。他们的诵读比最初时好多了，但还是缺少力度。我又指导了一下。他们的诵读变得铿锵有力，声响直冲云霄。

学生鼓起掌来，为他们自己的成功朗诵，为心中涌动的青春激情鼓掌。

“这里面哪个字用得最好？”我问道。

“竞！”学生齐声道。

“为什么？”

“因为体现了竞争!”

“还有什么?”我继续追问。

“因为……”学生似乎还没有找到合适的语言来表达。

“因为它体现了青年学生富有朝气、敢于竞争的活力，体现了新时代学子昂扬向上的精神风貌。”我解释着。

“还有什么原因？如果换成‘太’‘很’‘真’等词语，怎么样?”我问。

许多学生哈哈大笑起来。“那怎么行!”他们说。

“看来不能用副词，必须用动词。可以换成别的动词吗？如用‘显’‘争’‘展’等?”我说。

“不行!”学生回答。

“为什么?”

“没有劲儿!”学生齐声回答。

“学子弄潮‘竞’风流。”我把“竞”字读得很有力，并夸张地做了一个表示物体下落的手势。“学子弄潮‘显’风流。”我一边读一边做了一个表示水缓慢流动的手势。学生都会意地笑了，明白了“竞”字最有力，最能够显示青年学子竞争的力量。

“所以，我们在研究对联的语言时，一方面要注意意义，另一方面要注意音节的和谐，讲究押韵。现在让我们重新诵读。”我说。

这一次学生的诵读效果更好，他们感受到了语言的美。

“现在说说自己为什么学习语文。”

“为了交际。”“为了说话。”……学生纷纷发言。

“我们现在学语文是为了考学。”我说。

“老师的话很实际。”有学生小声地说。

“还有什么?”

许多学生都陷入了沉思。

“是做人!”我继续讲解。我知道，很多时候我需要给学生认真讲解人生的道理。“做什么样的人？第一，做自信的人。自信是成功的第一秘诀。第二，做一个真人。当然，不是说要成为‘全真七子’。”

学生们都笑起来，因为“全真七子”是武侠小说中的人物。

“做真人，就是不做假人，说真话，做真事，写真文。当然，做真人是很难的，有时候善意的谎言也是必要的。”听了我的讲解，有的学生在点头。

“第三，做善人。做高尚的人。第四，做美人。”我继续说。

有的学生在偷笑。

“‘美人’在古代有多种解释，有人把它解释为‘漂亮的女子’，屈原用它代称‘君王’，而我这里的意思是‘审美的人’，即内外兼美的人。”

这时候，下课的铃声响了。

“老师，继续讲。”许多学生还觉得意犹未尽。

“我们要好好学习，时时向上！这就是我们的口号。下课!”

二、 诗词堂：响起动听的歌声

课堂上，我们正在复习“思乡怀人”主题的诗歌。我在讲台上认真地讲解，却发现学生的情绪很低落——也难怪，最近的复习课中各科老师都是在台上唱“独角戏”，学生怎么能提起精神呢？得想点儿新招。于是，我临时调整教学思路。

我说：“‘思乡怀人’主题的诗歌根据内容可分为四类：一是游子思乡思亲，二是家人思念游子，三是征夫思乡思亲，四是闺妇思夫。这类诗歌在古代战争年代非常流行，写出来是‘诗’，唱出来就是‘歌’。”

我话音刚落，讲台下有几个学生大声嚷道：“老师，唱一首吧!”

我摆摆手，示意他们让我把话说完。“20 世纪 80 年代就曾流行过一些反映边关战士与家中母亲相互思念的歌曲，如《两地书　母子情》；反映边关战士与家中妻子相互思念的歌曲，如《十五的月亮》……”

这时，台下很多学生已经按捺不住兴奋的心情，纷纷大声地说：“老师，快唱快唱，我们等不及了!”

有些学生迫不及待地鼓起掌来。我示意他们不要鼓掌，以免影响别的班级上课。大家马上安静下来，微笑着看着我。

我知道火候已到，就清清嗓子，深情地唱起来：

十五的月亮，照在家乡，照在边关。
宁静的夜晚，你也思念，我也思念。
你守在婴儿的摇篮边，
我巡逻在祖国的边防线；
你在家乡耕耘着农田，
我在边疆站岗值班。
……

所有学生都静静地望着我，他们已完全沉浸在歌声中，我继续深情地唱：

啊！丰收果里有你的甘甜，也有我的甘甜；
军功章呵，有我的一半，也有你的一半。
十五的月亮，照在家乡，照在边关。
宁静的夜晚，你也思念，我也思念。
你巡逻在祖国的边防线；
你在边疆站岗值班。
我孝敬父母任劳任怨；
我肩负着全家的重任。
啊！祖国昌盛有你的贡献，也有我的贡献；
万家团圆，是你的心愿，也是我的心愿。
啊！啊……

我的脸憋得通红，使劲把最后一个“啊”音往高处升，但最终还是唱不上去了。

我说：“唱不上去了。”

学生热烈地鼓起掌来，大家的脸上都露出了灿烂的微笑。我知道，歌声点燃了学生学习的激情，打通了学生理解军旅诗歌的通道，唤醒了他们沉睡的心灵——这正是我想要的！

我微笑着给学生解释："1979年，越南在苏联的支持下对中国发动了战争，他们在中越老山边界频频向我们国家发动进攻。为了保家卫国，许多年轻的战士奔赴前线。在这种特殊的历史背景下，反映老山前线战士与家中亲人互相思念的军旅歌曲开始流行，于是就有了《两地书 母子情》《十五的月亮》……这些歌曲反映了战士与亲人之间的思念之情和战士们深明大义、保家卫国的崇高精神。"

我看学生听得都很专注，于是继续讲："这说明艺术都是时代的产物，有什么样的生活，就会有什么样的艺术去反映它们。我国历代王朝经常打仗，总是有许多人戍守边疆，所以就会有很多反映战争生活的诗歌。唐代之所以盛行边塞诗歌，与唐王朝的强盛和国家长年征战是紧密相关的，这也叫'论世'。大家读诗歌也好，读其他文学作品也好，一定要注意结合时代背景理解作品。"

学生都在认真地听讲和思考，后面课堂内容的教学效果非常好。这节课引起了我的深思。

语文教学要打破学科本位，结合学生的生活实际，与社会生活相联系。课堂上，如果老师能够结合学习内容，巧妙地运用多种方法，引进新的富有趣味的教学资源，既可以充分激发学生的学习积极性，又开发了新的课程资源，丰富了课程内容，使课堂真正"活"起来，教学效率会大大提高。兴趣是最好的老师，只要把学生的学习兴趣调动起来，他们就会在兴趣的驱使下主动学习，取得更好的学习效果。

三、列车上：发送惜别的短信

写作已成为我教育人生的行走方式，教育时评、教学随笔、作文批语、手机短信，我们可以随时随地运用各种方式进行写作。写作陪伴着我一路走来，一路成长。2012年3月28日，我从中原河南走向南国深圳，列车南驰，一路绿野苍茫，我心绪翻滚。怀着对家乡和亲人的依恋，怀着对未来的憧憬，在南下深圳的列车上，我向亲友发出一条又一条主题为“分别情正长”的短信，倾吐衷肠：

春光美，柳儿绿/列车南驰，心向北方/一路绿野茫茫/一颗挚爱的心飘荡

怎能忘，昨日湖畔边明媚的阳光/怎能忘，昨日树林里你深情的嘱托/怎能忘，临行前行李包密密的针线/怎能忘，你一个又一个真诚的祝福，一遍又一遍亲切的叮咛

祝福的美酒千杯、万杯/杯杯深情深似海/嘱托的话语千句、万句/句句清澈清如天

感恩每一个我的亲人/我的爱人，我的妈妈/我的兄弟姐妹，我的老同学，我的老同事/感恩培育我的母校/感恩养育我的中原大地/无论我走到天涯还是海角，永远不会忘记我的根/这里有我的慈亲、爱妻、挚友、姐妹兄弟/我永远热爱你们

海内存知己/天涯若比邻/电波一瞬间/天涯共此时/握手，握手/永远紧握您的手/自成给您鞠躬九十度/感恩，握手

列车行驶到河南省信阳市火车站，在停车间隙，我继续发着短信：

相聚时日短/分别情正长（分别情伤伤）/姐妹兄弟情/东流水汤汤（南驰轨长长）

这时，邻居、好兄弟子昂打来电话，说春节一定要和我聚聚。我很感动！

这时，好友永奇发来短信：

相知岂在多/但问同不同/同心一人去/坐觉长安空

向南是大海/是希望/是未来/春天的故事/一定更精彩

同事锦涛发来短信：

回首向来留恋处/前方明霞在相迎

同事孙高栓发来短信：

出门在外四海闯/忙忙碌碌辛苦多/朋友情谊勿忘怀/保持联络情常在/送份问候暖暖心/欢乐开怀笑开颜/愿你事事皆如意/心想事成把梦圆

好友长虹发来短信：

天行健/君子以自强不息

好友永坤发来短信：

自成，你踏着春光，一路南行，带着自己对亲人、挚友、兄弟姐妹的牵挂和不舍，奔向更加美好的前程，找到更适合自己的用武之地。作为兄长虽有不舍，但更多的是从内心深处替你高兴，衷心祝愿你：大鹏展翅九万里，再创辉煌盼佳期。奋力拼搏，善待自己，他日兄弟姐妹相聚时，希望能看到一个硕果累累、光彩照人的小弟！

我给永坤回信：

文章妙手得/永远兄弟情/乾坤天地间/好《易》万象萌

衷祝兄之易术事业如春之万物/生命勃发/蒸蒸日上

（注：永坤喜欢《周易》）

老同学艳辉发来短信：

自成，你执着而淳朴，奋进而善良。你是我们班的骄傲，更是我们班的灵魂。大家会永远祝福你、牵挂你，你不会孤单。

弟弟自立发来短信：

哥，你不要担心家里，有我呢，你尽管放心，好好照顾自己！

我回信：

以后要辛苦你了，好兄弟！照顾好弟妹和孩子，多陪陪妈妈！

我给女儿发了短信：

孩子，我真想你！

女儿回信：

爸爸，我也爱你，我有好多话要跟你说。

外甥女佳丽发来短信：

大舅，到达目的地了吗？好好睡一觉，迎接新的挑战吧！

我回信：

握手哦！革命尚未成功，同志共同努力！

学生于书亚发来短信：

好好发展吧，相信你一定会发展得更好！

老同学崇立发来短信：

挥手自此去/萧萧班马鸣/胸怀江海志/潇洒度日月/愿人生如虹/一舞剑器动四方

好友晓莉发来短信：

世有渊明，菊花无憾也/世有白石，梅花无憾也/世有嵇康，琴瑟无憾也/世有伯牙，子期无憾也/吾有汝为友，今生亦无憾

猜猜这是我写给谁的短信？

桃红柳绿/我是一只春鸟/在你的枝头歌唱

蓝天白云/我是一只风筝/在你的天空飘荡

浩渺苍穹/我是一只雄鹰/在你的怀抱中翱翔

我情不自禁，继续在手机上写着：

颠簸中/电波中/泪光中/思念中

问世间情为何物/直叫人潸然泪下

……

现在，我呼吸着南国深圳春日傍晚的空气，端坐在办公桌前，回想昨日的情景，那一张张可爱的笑脸，那明媚的北国的阳光，那宁静的河堤，那碧绿的田野，那微冷的春风，还有那高挂碧空的春日的朝阳……一幕幕，历历在目。

理念

第二章 “生命语文”的探索与思考

Shengmingyuwen Tansuo

在“生命语文”教育中，教师应将自己的人生经历、生命体验融入教育教学，充分理解、还原、整合文本，构建课程，运用富有生命活力的教学手段，唤醒学生的生命感受，点燃学生的生命激情，提升学生的精神境界。

第一节　缘起：为什么重视“生命语文”教育

让我们思考一个问题：在我们的教育教学生涯中，有没有一节课触动学生的心灵，让学生深受感染，终生难忘？如果有，这是一节什么样的课？为什么具有如此神奇的力量？如果没有，根本原因是什么？

一名教师，上了几年甚至几十年的课，如果没有一节课让学生深受感染，也让自己充满生命的激情，那么，这样的教师就不是一名成功的语文教师，他（她）的语文课堂很多时候可能是死气沉沉的，缺乏生命的活力。

为什么我们的语文课堂缺乏生命的活力？

一、“应试化”语文教育的弊端

新学期开学，学生最先打开的往往是语文课本，因为其中有引人入胜的美妙故事，有启人智慧的哲思妙理……可是一进入语文课堂，许多学生就会渐渐失去学习语文的兴趣，现实中的语文学习可能味同嚼蜡。这是为什么？看看语文课堂上我们都在干些什么就知道了。

我们常常看到：课堂上，教师不是带领学生品味词句的美妙和隽永，欣赏文本的丰富与深刻，而是在进行划分段落、概括大意、总结中心思想、提炼艺术特色等抽象空洞的概括与分析……语文课不再是流光溢彩、充满生命活力的“秦风汉韵”“唐诗元曲”，而是沦为学生获取考分、教师完成教学任务的快捷工具。

在“应试语文”教育者和学习者的眼中，语文只是用来应付高考的一堆堆字音、字形、标点、病句等基础知识，一段段科技文、文言文、散文或小说等文章，一篇篇模式固定、堆砌历史或时代人物与事件的

"套版"作文——仅仅是用来获取大学录取通知书的一个个具体分数！

语文教学应是享受思考与熏陶的快乐的过程，本应成为挖掘文本、构建课程、学生成长、教师发展的途径，成为最值得师生期待的精神漫游。但在"应试语文"教育背景下，"大卸八块"式的分析和标准化的训练等，扼杀了语文鲜活的生命，割裂了文本课程、教师、学生之间的生命关联。鲜活的文本被"阉割"成一道道可以获得考分的习题，失去了丰富的生命内涵；富有创造性的教师成为学生应试的训练者，失去了自我生命的完整性；富有生命活力的教学手段沦为获取分数的工具，失去了其应有的价值；富有思想与智慧的学生成为被动接受知识的"应试机器"，失去了学习的兴趣、精神的灵性、人生的幸福。语文教育被抽去了人文内核和艺术韵味等本质内涵，失去了"语文"的生命个性！

《普通高中语文课程标准（实验）》明确指出，语文是最重要的交际工具，是人类文化的重要组成部分；工具性与人文性的统一，是语文课程的基本特点。我国学者叶澜教授指出："把丰富复杂、变动不居的课堂教学过程简括为特殊的认识活动，把它从整体的生命活动中抽象、隔离出来，是传统课堂教学观的最根本缺陷。它既忽视了作为独立个体，处于不同状态的教师与学生，在课堂教学过程中的多种需要与潜在能力，又忽视了作为共同活动体的师生群体，在课堂教学活动中多边多重、多种形式的交互作用和创造能力。这是忽视课堂教学过程中人的因素之突出表现。它使课堂教学变得机械、沉闷和程式化，缺乏生气与乐趣，缺乏对智慧的挑战和对好奇心的刺激，使师生的生命力在课堂中得不到充分发挥，进而使教学本身也成为导致学生厌学、教师厌教的因素，连传统课堂教学视为最主要的认识性任务也不可能得到完全和有效的实现。"

事实的确如此。在高中语文实际教学中，尤其是在"应试语文"的教学模式中，存在着"生命缺失"的情况。首先，教师自我的角色定位忽视"生命"。许多教师认为自己只是知识的传授者，因此他们自然不能对课程内容产生深刻的生命感悟并将这种感悟融入教学，他们的教学只是对考题的注解。这些教师被学生戏称为"解题机器"。其次，教学内容的角色定位忽视“生命”。许多教师只是把教学内容视为需要传授的知识和需要培养的能力，而不能深入挖掘与还原文本的生命本质。再次，学生的角色定位忽视“生命”。许多教师只是把学生当成需要填充、需要接受知识的容器，而不是把学生看成有着自己的优缺点、正在不断成长的人，教学时不能以学生为本，不能遵循学生的发展规律；许多学生自己也缺少生命成长的意识，在应试教育思想的长期熏染下，只是把自己定位为被动接受知识、获得分数的机器，丧失了生命成长的原动力。最后，教学手段的角色定位忽视“生命”。许多教师没有认识到，教学手段也存在僵硬死板与充满活力的差别，教学时很容易选择一些不具有生命活力、不适合学生精神成长的教学手段，从而导致教学的低效、无效，甚至成为对学生精神生命的折磨。

二、“概念化”语文教育的弊端

传统的语文教育，对主题的解读往往带有一定的政治化、概念化倾向，不是批判了什么、揭露了什么，就是赞美了什么、颂扬了什么；对人物形象的认识往往流于“概念化”，缺乏立体性、人性化的观照，过分拔高人物，甚至上升到道德楷模、精神圣人的高度，而不是回归“人性”的本真状态。

例如，教学《我的叔叔于勒》，传统解读都是批判菲利普夫妇的势利、冷酷，揭露资本主义的罪恶。而我则引导学生思考：在我们的亲戚和朋友当中，有没有让我们十分厌恶，甚至想要躲得远远的人？他们与于勒相比，谁更可恨？一般学生都觉得，自己生活中厌恶的人没有于勒可恨，于勒吃喝玩乐，占用了哥哥应得的财产，是一个典型的败家子。我继续引导学生：很多人痛恨菲利普夫妇的势利、冷酷，但当我们遇到类似的情况时，我们可能也是一样的冷漠、自私，难道我们就比菲利普夫妇可爱吗？如果能从切身感受出发，对人物的理解就会更人性化。

对《灰姑娘》的教学，许多中国教师在学生学完课文后，一般都会问这样的问题：你最痛恨故事中的哪个人物？答案几乎是一边倒的：后妈。于是仇恨的种子可能就会在幼小的心灵中种下。而在国外，学完后很多教师问的是这样一个问题：如果你是故事中的后妈，你会让谁参加舞会？教师特别强调，只有真实，没有对错。很多学生说出了真实的想法：让自己的亲生女儿参加舞会。教师接着说："我们不要要求别人无条件地爱我们，因为我们也很难做到无条件地爱别人。"这样的解读，才是真实的、符合人性的解读，才能帮助学生获得真实的生命感悟，认识真实的人生，提升生命的境界。

在语文教学中还存在着教参权威崇拜、文本架空分析、人物形象脸谱化、解读片面单一、主题解读空喊口号等现象。这些庞杂繁多的教育乱象，造成学生思维浅薄，思想单一，情感苍白。正因如此，我提出"生命语文"的教育理念，以避免阅读与表达的概念化、脸谱化、单一化，使学生形成人文、多元、丰富、深刻的情感与思想，焕发语文课堂的生命活力，促进学生的生命成长。

第二节　内涵：什么是“生命语文”教育

一、“生命语文”的内涵

（一）“生命语文”的本质：彰显语文“生命性”的教育理念

何谓“生命语文”？在语文教育中，教师是学生精神成长的引领者，学生是有待唤醒的生命个体，文本课程是创作者心血的结晶，教学方式是打通文本与学生心灵之间壁垒的有效途径。“生命语文”就是一种以促进学生的精神发展为教育目标，以充分发掘教师、学生、文本课程、教学手段等要素的“生命性”为实施路径，营造立体、多元、人文的生命教育场，打通共同的生命情感，激活学生的生命状态，提升师生的精神境界，实现语文“引领生命成长”独特价值的教育理念。在“生命语文”教育中，教师焕发生命激情，将自己的人生经历、生命体验融入教育教学过程，充分理解、还原、整合文本，构建课程，运用富有生命活力的教学手段，引领学生感悟、体验文本课程的丰富生活和思想感情，唤醒学生的生命感受，点燃学生的生命激情，升华学生的精神境界，促使学生形成人文、多元、丰富、深刻的情感与思想。

（二）“生命语文”的特点：语文教育与生命教育的自然融合

“生命语文”是语文教育与生命教育的自然融合，它把语文教育教学中的几个关键要素看作独立的生命体，把传统意义上静止的文本课程，看作动态的、不断建构的、具有精神内涵的生命课程；把传统意义上的教学手段，看作具有生命活力的教学途径；把传统意义上作为知识接受者的学生，看作正在成长中的人；把学生学习的过程，看作言语与精神的建构过程；把传统意义上作为知识传授者的教师，看作具有生命激情的引导者。文本课程是有生命的，学生是有生命的，教师是有生命的，教学手段是有生命的——语文教学中的四个要素都具有生命的活力，语文教学就是四者的“生命共振”，就是师生共同的生命成长！

“生命语文”在突出语文的工具性及学习知识、培养能力的同时，更强调生命精神的发展与建构。在传统语文教育中增加“生命语文”的理念，更能突出语文的工具性与人文性密切融合的本质特点。

语文不是平铺的纸张，而是立体的精神；不是冰冷的文字，而是蕴含着情感与智慧的生命。语文是真，洋溢着创作者丰富而真挚的情感；语文是善，承载着诚信与爱心，充盈着欢喜与仁德；语文是美，一段段文字就是一幅幅优美的图画、一串串灵动的音符。语文是生命的写照，拓展着生命的外延；语文是生命的勃发，充满了生命的张力；语文是生命的升华，提升着生命的境界。

许多中外名家都论述过“生命教育”的意义和价值。德国哲学家雅斯贝尔斯曾诗意地描述教育的意义：“教育意味着一棵树摇动另一棵树，一朵云推动另一朵云，一个灵魂唤醒另一个灵魂。”教育就是用生命润泽生命，用激情点燃激情，用精神升华精神。“生命教育”的倡导者张文质在谈到教师的境界时指出，学科素养决定高度，人文素养决定宽度，生命素养决定深度。我国学者叶澜教授认为，教学“必须突破（但不是完全否定）‘特殊认识活动论’的传统框架，从更高的层次——生命的层次，用动态生成的观念，重新全面地认识课堂教学，构建新的课堂教学观……让课堂焕发出生命的活力。”“课堂教学应被看作师生人生中一段重要的生命经历，是他们生命的有意义的构成部分……只有师生的生命活力在课堂教学中得到有效发挥，才能真正有助于新人的培养和教师的成长，课堂上才有真正的生活。”“师生才是全身心投入，他们不只是在教和学，他们还在感受课堂中生命的涌动和成长……学生才能获得多方面的满足和发展，教师的劳动才会闪现出创造的光辉和人性的魅力。”我国学者袁维新在《生命化教学模式的理论建构》中指出，生命化教学是以学生的生命发展为基础，关注学生的生存状态，丰富学生的精神生活，赋予教学以生活意义和生命价值的一种教学模式。他还认为，生命化教学的基本特征可以概括为对学生生命的发展、生命的体验性、教学活动的生成性和教学方法的对话性的关注。

“生命语文”鲜明地体现了“生命教育”的本质特征。生命，既是语文教育的起点，也是语文教育的终点。只有语言文字成为有待展现与完善的“生命”并漫游于学生和教师的生命之中，语文方能显示出意义和价值；只有教师和学生的生命承载于语言文字之中，语文教学才能焕发出活力。教学语文，就要彰显语文教育真、善、美的生命内核，拓展生命，提升生命，充分展现“生命语文”的魅力！

二、“生命语文”的要素阐释

（一）文本、课程的内涵：创作者、课程构建者心血的结晶

为什么这样说呢？因为语文不同于其他学科，语文文本、课程本身就是文本创作者、课程构建者对生命的思考与升华，凝结着他们的心血与智慧，有着极强的生命活力，有着丰富的文化内涵。

霍达创作《穆斯林的葬礼》后写道：“我在稿纸前和主人公一起经历了久远的跋涉。我常常忘记了现实生活中的人和事，心都在小说中。我忘记了人间的寒暑，以小说中的季节为自己的季节。窗外正是三伏盛夏，书中却是数九严冬，我不寒而栗。我和主人公一起生活。每天从早到晚，又夜以继日。我为他们的欢乐而欢乐，为他们的痛苦而痛苦。我的稿纸常常被眼泪打湿，有时甚至不得不停下来痛哭一场。我已经舍不得和我的人物分开。当我把他们一个一个地送离人间的时候，我被生离死别折磨得痛彻肺腑。心绞痛发作得越来越频繁，我不得不一次次停下来吞药。我甚至担心自己的葬礼先于书中的葬礼而举行。”霍达是在用自己的整个生命写作。曹雪芹创作《红楼梦》，披阅十载，增删五次。“满纸荒唐言，一把辛酸泪，都云作者痴，谁解其中味？”贾岛辛苦创作诗歌，“两句三年得，一吟双泪流。”凡是好的作品，都是作者心血的结晶。语文课中的课文，许多教师开发的课程，都是这样的心血的结晶。我们只有好好开

掘和学习，才对得住作者与课程构建者的付出。

叶嘉莹先生在谈论古诗鉴赏时说："诗歌创作是作者生命的一种兴发感动，我们的阅读，就是要求我们有一颗不死的、不僵化的心灵，有一颗善感的心灵。"我们教学语文，就要还原文本的生命，还原作者的情感，还原作品的精神与灵魂，实现课程构建者的目标，从而唤起学生的情感体验，提升学生的生命境界。

（二）学生的角色：有待唤醒的、正在成长的生命

德国教育家第斯多惠认为，教育的本质就是唤醒和鼓舞。每个学生都是活生生的生命个体，每个学生都有自己独特的知识背景、人生阅历、生命体验，他们都是有待点燃的火把，有待唤醒、能够不断成长的生命个体。但因为知识、能力、阅历等有限，当他们独自面对文本时，许多时候并不能顺利走进作品的思想世界和作者的心灵世界，无法进行有效的对话，无法实现生命境界的提升。因此，他们很需要教师的引导、帮助、唤醒、鼓舞。

于漪老师在《语文课堂教学有效性浅探》中指出："语文课堂教学的有效性不是看课上得如何漂亮，如何热闹，如何掌声雷动，而是要衡量学生学到了什么，知识有无增长，能力有无锻炼，求知的主动性、积极性如何，思想情操方面有无泛起涟漪，乃至掀起波澜，受到文本佳作'感情的传染'。"我们教师的职责就是唤醒学生的生命意识，点燃学生的生命激情，释放学生的生命能量，升华学生的生命境界。

（三）教师的使命：帮助学生与文本、课程对话，引领学生走向高尚

文本与课程，在没有成为学生的阅读内容、学习对象之前，在没有进入学生的思考过程、生命建构过程之前，都是静止的，是与学生的生命相隔离的。而学生由于自身的理解力、思考力、鉴赏力的局限，由于视野、阅历、人生境界的种种局限，在接触文本和课程的时候，很难进入研读。即便能够勉强进入，也很难顺畅地深入研读，往往是"入之愈深，其进愈难"。"而世之奇伟、瑰怪、非常之观，常在于险远"，学生要想真正领悟到文本与课程的精妙之处，进入知识的幽深洞穴，看到最美丽的风景，仅凭个人的力量往往是不够的，还需要教师的点拨和帮助。教师就是学生在“幽暗昏惑”环境中的“火把”，能在关键之时、关键之处引导和帮助学生继续向前走。

我们语文教师的使命，就是要做引导者、帮助者、铺路架桥者，就是要通过构建一门门通向学生心灵的课程，搭建一座座沟通的桥梁，引导学生跨过千山万水，跨过历史长河，帮助学生穿越古今中外一切主观和客观的障碍，与人类的精神大师展开对话，与世界的思想者交流沟通，从而唤醒学生的生命体验，激起学生心灵的共鸣，焕发语文课堂的生命活力，促进学生的生命成长。

（四）选择的方式：富有生命活力的教学方式

有的教学方式富有生命活力，有的教学方式呆板僵化。开展“生命语文”教育，就要选择富有生命活力的教学方法和手段，从而带领学生更好地进入文本，进入情境，走进作品的丰富世界，走进作者的心灵，走进人物的精神世界，唤醒学生的生命激情，引起学生的共鸣。

我们可以选用描述法、删除法、想象法、补充法、诵读法、音乐法、联系生活法、直观实验法、角色体验法等方法来设置情境，调动学生的学习兴趣，增加学生的生命体验；也可以巧妙地设置问题或活动，引领学生聚焦学习内容；还可以采用情境教学、博客教学、活动教学、主题学习、批注学习、专题研究性学习等教学方式；甚至可以借鉴《百家讲坛》《中国好声音》或其他富有活力的艺术形式，引发学生的学习兴趣，激活学生的生命状态。

第三节　路径：怎么实现“生命语文”教育

一、还原文本，增加体验

“生命语文”教育要用还原法还原文本的“生命”，引导学生走进文本深处，增加学生的情感体验，让学生充分体验文本的精神内涵。为什么要还原文本的“生命”，增加学生的情感体验呢？因为文本是创作者心血的结晶。

作者创作作品时，内心有着非常丰富的情感和内在言语，写出来的内容往往具有较强的概括性、凝练性。这既是表达的需要，也因为语言文字的局限性——许多内容和情感无法用准确的语言表达。教师在带领学生走进文本的时候，如果只学习文本中的字句，往往无法充分理解作者最初创作时所产生的丰富思想和情感。因此，我们就需要运用各种方法，尽可能还原文本的丰富内涵，让学生触摸到作品的生命脉搏，“回到”作品创作的现场，与作者共同“经历”作品的创作过程，“体验”作品内在的情感。

（一）还原词语的文化意蕴

词语的意义是在漫长的历史长河中逐渐形成的，积淀了丰富的文化意蕴。一个词语，就是一幅画、一首诗、一个故事、一个有文化意味的符号，汉语中的许多词语都包含着丰富的文化意蕴。我国语文学家夏丏尊说，在语感敏锐的人心里，“赤”不但解作红色，“夜”不但解作昼的反义词，“田园”不但解作种菜的地方，“春雨”不但解作春天的雨；见了“新绿”二字，就会感到希望、自然等说不尽的意趣；见了“落叶”二字，就会感到无常、寂寥等说不尽的意味。要领悟隐藏在词句深处的意趣，就必须要有丰富的生命感悟、人生体验和文化底蕴。

我执教“百味清明”，上课伊始，我先用富有诗意的语言营造充满文化意味的氛围：“淡荡春光寒食日，梨花风起正清明。清明，是河岸边那一枝依依的柳条；清明，是山林深处那一丝久远的牵挂；清明，也是氤氲烟雨里那一抹淡淡的喜悦和忧伤。”然后，我从清明是二十四节气之一，是中华民族扫墓祭祖的节日，是一种文化现象等多个角度来还原清明的文化内涵。接着，我引导学生学习《寒食上冢》等描写清明的古典诗歌，最后总结清明的哲学意味：“清明时节最重要的民俗活动是扫墓祭祖、踏青郊游……前者肃穆、伤感，后者轻松、愉悦……前者怀旧悼亡，后者求新护生。一阴一阳，一息一生，正体现中国文化阴阳互补相生的哲学意味。清明，不仅是对先人的祭奠和追忆，也蕴含着新希望、新生命的开始。”曾子说：“慎终追远，民德归厚矣。”谨慎思考人生于天地之间的意义，追念效法先古圣贤，人民的道德就自然敦厚了。如果能“慎终追远”，那么我们每个人的心灵会变得更加澄澈明净，我们的社会将变得更加和谐美好。

（二）还原文句的丰富内涵

我在《不妨来些讲座式课堂》一文中阐述了叶嘉莹还原文句丰富内涵的方法。我在文中这样写道：

韦庄在《思帝乡》中写道：“春日游，杏花吹满头。陌上谁家年少，足风流。妾拟将身嫁与，一生休。纵被无情弃，不能羞。”这首词写了一个少女在春游时对爱情的幻想。在以往的课堂上，如果我们让学生理解“春日游”三个字的内涵，可能会这样提问：这一句交代了什么？你想到了哪些写春天的诗句？学生可能回答交代了时间和事件。然后，再让学生说出一些学过的有关诗句。这样的问答干瘪、孤立，没有生命力，可以说我们设计的问题并没有真正引领学生深刻理解作品的丰富内涵……而叶先生是这样讲的。春日游，是一种氛围，是一个背景。游是向外的，是一种寻觅。春日，一个多么美好的日子，草木万物都开始萌发，人的感情也随着春日有一种萌生。《论语》中有“莫春者，春服既成，冠者五六人，童子六七人，浴乎沂，风乎舞雩，咏而归”的句子，这是老夫子的理想。李商隐有诗“春心莫共花争发，一寸相思一寸灰”。当“飒飒东风细雨来，芙蓉塘外有轻雷”的时候，正是人的爱情萌发的时候……在这里，叶先生用自己丰厚的学识广泛联系有关“春日游”的词句，一步步引导我们理解文本的内涵，触摸词句的生命，唤起心灵的共鸣。

我们语文教师要像叶先生一样，在阅读教学中铺路搭桥，用自己的阅读和阅历引领学生还原文句的丰富内涵。

（三）还原文本中的生动场景

教学杜甫的《登高》，我们可以引导学生还原文本中“无边落木萧萧下”中的生动场景。通过想象，学生的脑海中可能会出现这样的场景：在广阔无垠的、苍茫的天底下，在瑟瑟的秋风中，树干上枯黄的叶子几乎落尽，只剩下许多干枯的黑褐色的树干在秋风中瑟缩着。这里显示了深秋的肃杀，自然也隐含了杜甫极度悲凉、凄惨的境遇，让人揪心扼腕。我在教《烛之武退秦师》时，引导学生想象“夜缒而出”的生动场景：在漆黑的夜幕下，在高高的城墙上，烛之武，一位白发苍苍的老人，面容安详而凝重，端坐在军士用绳子吊着的篮筐里，沿着几丈高的城墙下来，出城晋见秦王，退去秦师。通过想象，学生仿佛看到了那个胸怀拯救国家的重任，置个人恩怨和安危于度外的烛之武，冒着生命危险慷慨赴秦营的景象，让人如临其境，陡生崇敬之情。

一位教师执教《鸿门宴》，讲到樊哙闯帐这一内容时，重点引导学生理解“侧其盾”所表现的情景，让学生思考：“侧其盾”是什么意思？樊哙为什么要“侧其盾”闯帐而入？闯帐前发生了什么事，情势如何？樊哙是如何“侧其盾”闯帐而入的？闯帐后又可能发生什么事，情势又将如何？通过设想“侧其盾”的情况，还原当时的历史场景：樊哙闯帐前情势危急，整个军帐内隐藏着众多带着刀斧的兵士；席上，项庄舞剑，意欲在席间击杀沛公，只有项伯在极力阻挡。因此，当沛公的贴身卫士樊哙得知这个危急消息，就随手抄起盾牌，急闯军帐救主。门士阻挡，他使劲用盾牌侧撞，一下子把两名军士的武器撞飞——他当时只有一个信念：谁也不能阻挡我救主公！这样一个誓死捍卫主公的猛将，遇到勇武盖世的楚霸王，又会是怎样一番紧张的历史场景？也许会发生一场惊天动地的恶战吧！通过想象还原“侧其盾”前后的情景，《鸿门宴》上那剑拔弩张的历史场景如在眼前，樊哙在主公生死关头的“忠”“勇”“威”“壮”也就赫然纸上了。

（四）还原人物的精神世界

在教学《记念刘和珍君》时，我通过设置情境，架起学生与文本、学生心灵与人物精神之间的桥梁，促使学生由文本的阅读者、旁观者转变为文本的创作者、建构者，使学生在阅读文本时不是“游离”于文本之外，而是真正与文本、文本中的人物展开深入的对话，在文本、人物的精神世界里穿梭，最终深刻地理解人物的精神，激起情感的共鸣，受到思想的启迪。

为了唤起学生更加深刻的情感体验，我摒弃了只让学生罗列刘和珍的生活事件然后简单评价其精神的做法，而是让学生摘录文中直接描写刘和珍的词句并进行诗歌创作，让学生在创作诗歌的过程中融入情感，触摸刘和珍的心灵世界，然后让他们在真情诵读诗句后对刘和珍的精神做出评价。学生深入研读文字，在找寻相关词句的同时进行二度创作，然后在有感情地诵读并评价的过程中，深刻感受到了刘和珍为国家、民族献身的崇高精神和她英勇献身的悲壮，产生强烈的情感共鸣。课堂上，他们真正走进了文本，走进了刘和珍的心灵世界，他们用这样的诗句来评价心中的英雄：“你不为势利所屈，敢于反抗黑暗；你的微笑，你的温和，是黑暗社会中一缕永恒的曙光。”“你，刘和珍君，祖国主权遭侵，你欣然前往请愿。枪林弹雨中，你殒身不恤，足以表现中国女子的勇毅”“怎会想到，当局者竟是如此凶残；一重又一重的阴谋诡计，压抑着中华儿女，一压便是数千年。刘和珍君呵，你这个新时代的中国女青年，是那么的干练。怎晓得，你的临难，竟是如此的简单，简单呵，又怎不让我们一次又一次为你感叹。”通过这样富有真情的话语，一个临危不惧、敢于担当的新时代的女性形象便清晰、立体地呈现在学生面前，大家在真情倾诉中一步步走进刘和珍的精神世界。全体师生都沉浸在对刘和珍为民族献身的缅怀之中，心灵得到了一次净化和洗礼。

（五）还原作者的独特思想

语文教学还应知人论世，还原作者的独特精神。作品隐含着作者的独特个性和经历，源于特殊的时代背景，只有追根溯源，才能还原作品的独特精神。我教《将进酒》时，课前布置学生读了《李白传》和《李白诗歌选》，课堂上带领学生“回到”盛唐时代，“跟随”李白走完他的一生。从他少年时的任侠豪气，到他青年时“大鹏一日同风起，扶摇直上九万里”“仰天大笑出门去，我辈岂是蓬蒿人”的踌躇满志，到他在长安时的春风得意，再到他受排挤离开长安后“蜀道难，难于上青天”的哀叹失意，最后到他“大鹏飞兮振八裔，中天摧兮力不济”的矢志不渝，还原了自信豪迈、追求理想的“诗仙”李白的形象，学生对《将进酒》所表现出来的自信、豪迈与进取精神有了深刻的感悟。

浙江金华第一中学的滕世群老师教《面朝大海，春暖花开》，还原诗人的精神，引领学生走进海子的精神世界。首先，介绍海子的生平，突出海子本真的个性，对艺术的追求，对生命的热爱，对诗歌的虔敬，对整个世界的赤子之心。其次，让学生在诵读中品味圣洁与博爱，品味含泪的祝福。然后，让学生品味诗中“面朝大海”“关心粮食”“春暖花开”“蔬菜”“喂马劈柴”“幸福的闪电”“周游世界”“温暖的名字”等意象，感受海子对亲人、人类的美好祝福。再次，引导学生分享生活中与海子描绘的尘世生活类似的幸福感受。学生分享了“徜徉林间，看月亮升上树梢，倾听蛙叫虫鸣”等富有诗意的幸福体验。接着，教师话锋一转：“‘做一个幸福的人’表现了诗人对美好生活的渴望，但诗人……并非永远的春光无限。这首诗中是否也透露着冬天的信息呢?”学生思考后回答：作者说“做一个幸福的人”是“从明天起”，表明当时海子并非生活在春暖花开的世界；这首诗的写作时间是 1989 年 1 月 13 日，当时正处于寒冬时节，诗中的“春暖花开”只是海子的向往而已。最后，教师总结：海子对尘世幸福的肯定，表现了他对生活的热爱，对人类美好的祝福，但海子“终于还是‘一个黑夜的孩子，沉浸于冬天，倾心死亡’，‘春暖花开’的祝愿只是诗人临行的赠品”，一个有良知的诗人……总是对自身的存在意义、对人类的悲剧命运有着热切的关怀……海子的终极关怀伴随着忧伤、悲凉、孤独、绝望……承担苦难，热爱生活，祝福人类，使海子的爱闪烁着圣洁的光芒。

（六）还原作品的时代风貌

法国作家莫泊桑《项链》中的玛蒂尔德是怎样的人物形象？爱慕虚荣的小资产阶级，这是我们给她贴的标签。有评论家说，即使再过一百年，《项链》也照样震撼人心，因为小说揭示的人性的弱点，以及人性的弱点所导致的漫长的人生苦难，具有穿越时空的令人心悸的力量。所以，很多教师在教学中设计了这样的问题：玛蒂尔德听到朋友说原来的项链是假的后会有什么反应？有学生想象她晕过去了，有学生想象她承受不住打击疯掉了，更进一步嘲笑她因爱慕虚荣而酿成苦果。但如果我们将课文放在19世纪玛蒂尔德生活的时代背景中阅读，会感觉这个人物形象是非常丰满的，具有多重性格。她在丢了项链后，没有买一条假项链还给朋友，而是花了三万六千法郎买了真的珍珠项链，用十年时间还清债务，当她把这一件“替代品”还给朋友时，还在想朋友会不会把她当作贼。学到这里，我们会不会被她的诚信、勇于担当的美德打动呢？其实，这些美德正是当时的新兴资产阶级的特点。如果我们能客观地分析文本，学生就不会只是标签式、脸谱化地认识人物，而能真正从完整的“人”的角度看待人物，丰富自己的精神世界，形成丰富、多元、人文、深刻的思想。

冯骥才的《珍珠鸟》，描写了关在笼子里的珍珠鸟。它从小在笼子里出生、长大，与主人“我”建立了情感，后来这“怕人的鸟”对“我”产生了信赖感，喜欢亲近我，有一次“竟趴在我的肩头睡着了”，于是作者发出感慨“信赖，往往创造出美好的境界”。一般教师都认为这篇文章的主题是歌颂“信赖是创造美好境界的力量”。作者冯骥才也是这样理解主题的。他在创作此文两年后，在《〈一百个人的十年〉前记》中写道：

“在那场人间相互戕害而失去了相互信任之后，我为得到这样无戒备无保留的信赖而深感欣慰。”而新生代名师郭初阳仔细研究作者冯骥才在“文革”中的境遇、冯骥才的人格品性及同时代的其他作品后，做出了这样的解读：“有‘欣赏囚禁’之嫌疑，禁不住现代‘敬畏生命’伦理眼光的审视……其实是一个双重悲剧——小鸟被囚而不自知，反以为安全；人作恶而不自知，反而欣赏把玩。从文字到内容，都发散出“文革”后的禁锢气息……一旦将其置于更大的历史坐标中，将文中的主要角色分别向上进格，分明成了一个关于现时中国文人（非知识人）境遇的寓言：第一，视囚禁事实不见，反而美化这种生存状态，以为有了吊兰与些微阳光的笼子，就不再是笼子；第二，主体性自由与依附性安全，不假思索地选择后者——“决不飞出去”；第三，听不见有着苦难记忆的大鸟生气的叫声，而要栖止于权力者的身边肩头，作小鸟依人的阴柔憨态，与屈原式‘众女嫉余之蛾眉兮，谣诼谓余以善淫’一脉相承。”这正如德国哲学家黑格尔所说，没有一个人可以超越他的时代，正如没有一个人的身体可以超出他的皮肤一样。通过还原作品的时代风貌，深入分析文本，学生就能不盲从传统的说法，真正回到作品产生的时代中解读文本，从而有助于培养学生批判性思维的习惯，使学生形成不唯书、不唯师、不唯权威的独立与自由的思维方式。

（七）还原文本内容的真实原貌

对节选式作品、改写式作品，我们要力争还原它的本来面貌，弄清楚未节选的内容有什么作用，改写后的内容有什么特点，从而更准确、全面地理解文本。

让我们来看一篇语文教材上的课文——《渔夫的故事》。选文中的结局是这样的：“‘下流无耻的魔鬼，你这是说谎呀！’渔夫一边把胆瓶挪近岸边，一边说，‘我要把你投到海里，这一回非叫你在海里住一辈子不可。我知道你是坏透了的。我不仅要把你投到海里，还要把你怎样对待我的事告诉世人，叫大家当心，捞着你就立刻把你投回海里去，让你永远留在海里！’”而原作的结尾是渔夫准备将瓶子扔进海里时，魔鬼又苦苦哀求，向安拉起誓，如果放他出来，将要好好报答渔夫。渔夫这才相信他，打开了瓶口。魔鬼出来后，履行了诺言，给渔夫指出了一条发财之路。

教材改变原作结尾的用意在于彰显“惩恶”的主题。而原作的结尾给了我们这样的启示：对于犯错误的人，要在一定条件下宽容和帮助他。综观现行教材，真正教学生学会“宽容”的作品其实并不多。这样教育学生，久而久之，学生的思想感情就会有所缺失。

（八）还原作者的创作过程

在教学中，我们应该引导学生展开想象，还原作者的创作过程。教学毛泽东《沁园春·雪》中“望长城内外，惟余莽莽；大河上下，顿失滔滔”几句时，我问：“这样的景象是真实的还是作者想象的？”学生讨论后明确：这是客观存在的实景（也有一定的夸张成分），但普通人无法看到这样的实景，所以又是作者想象的虚景。我又问：“如果一个人能看到这样的景象，这个人应该是个什么样的人？”学生回答：“顶天立地的巨人。”我告诉学生，作者之所以能够写出如此气象阔大、豪情万丈的诗句，是因为他在以“巨人”的目光看，以“巨人”的心胸想，从而还原了毛泽东这位伟大政治家宏伟的抱负和博大的胸襟。

教学《将进酒》，我引导学生还原李白创作“君不见黄河之水天上来，奔流到海不复回”的过程。我接连问学生几个问题：这两句描绘了怎样的景象？一个什么样的人才能看到如此宏大的景象，才能写出境界如此阔大的诗句？学生通过想象，还原了李白的创作过程：李白看到黄河一泻千里，气势磅礴，他感觉自己就是胸怀天下、顶天立地的巨人，他把无限时空凝为瞬间的一点，放眼望着黄河奔流，仿佛顷刻间看完全程。这样，学生就能够充分感受到李白洋溢于天地间的豪迈之气和对时光流逝的无限惋惜之情！

二、整合文本，高效学习

传统的语文教学为了使学生把每篇课文都学懂、学透，总是拆分开来解读，结果使文本支离破碎，知识孤立静止，学生难以融会贯通，教学低效。要改变这种状况，必须对文本进行整合。整合就是把在目标或内容上具有内在联系的学习材料聚合在一起进行教学。美国科学家、系统论的创立者贝塔朗菲提出了整体优化理论，认为整体功能大于部分功能之和。文本整合就是系统论在教学中的体现。运用整合法，将孤立、静止、内容松散的一般文本整合为联系、动态、内涵统一的文本生命体，激发学生的学习欲望，促进学生对文本进行整体、集中、高效的学习。

（一）浓缩内容法：提炼最具核心价值的信息

浓缩内容法就是通过对文本主要内容进行有序的浓缩、组合、聚集，从而简化内容、提高效率的一种方法。一篇文章的内容往往很多，学生在学习过程中很容易陷入理解字、词、句等细枝末节中，不能整体把握文本的思想脉络，对篇幅较长的文本更是如此。"生命语文"教育理论认为，教师应带领学生浓缩全文内容，进而把握文本的深层内涵。

根据不同的文体类型，我们可分别从叙事线索（记叙文）、抒情线索（抒情散文）、描写要点（写景散文）、议论纲要（议论文）等多个角度浓缩文本的主要内容。

有位教师在执教鲁迅的小说《故乡》时，让学生用一个字浓缩小说的思想内容。学生最后概括出一个"变"字：故乡的环境改变了；故乡的人改变了，闰土由一个英雄少年变成了一个满脑子封建等级观念的农民——木偶人，"豆腐西施"杨二嫂变成了细脚伶仃的"圆规"——贪图小利的市侩；人们的心情也改变了；故乡的许多事情都改变了……一个"变"字，一字千钧，将小说的内容、主旨以及写作手法串联起来。教师通过这样的分析，帮助学生很好地实现了对文本的整体解读。

《阿房宫赋》是一篇带有描写和议论色彩的赋体文。特级教师黄厚江用浓缩议论纲要的方法，帮助学生整合文本的主要内容。黄老师说："同学们，我读《阿房宫赋》是越读越短，读到最后文章就浓缩成这样一段话：阿房之宫，其形可谓(　　)矣，其制可谓(　　)矣，宫中之女可谓(　　)矣，宫中之宝可谓(　　)矣，其费可谓(　　)矣，其奢可谓

(　　)矣，其亡可谓(　　)矣！呜呼！后人哀之而不鉴之，亦可(　　)矣！现在请大家思考括号里填什么词比较合适。”一石激起千层浪。这种极具浓缩特点的设计极大地调动了学生研读文本的热情，也强化了学生的整合意识。经过讨论，学生对文本有了整体认识：阿房之宫，其形可谓雄矣，其制可谓大矣，宫中之女可谓众矣，宫中之宝可谓多矣，其费可谓靡矣，其奢可谓极矣，其亡可谓速矣！呜呼！后人哀之而不鉴之，亦可悲矣！

课将要结束时，黄老师出示这段话，让学生再用三个字概括全文内容。学生将其归纳为奢、亡、鉴。黄老师说：“读到最后只剩下这三个字了。大家要永远记住‘奢必亡’，这不仅是国君所要借鉴的，也是我们每个普通人所要借鉴的。”

对《阿房宫赋》这篇难懂的文言文，黄老师没有像一般教师那样按照段落顺序进行教学，而是用浓缩内容的方法将文本整合成一段话，再整合成三个字，帮助学生在最短的时间内把握文章主旨，方法巧妙，效率极高。

另外，我们还可以采用对联、颁奖词、墓志铭等形式对文本的主要内容进行整合。特级教师邓彤教完《项脊轩志》后，拟了上联“项脊轩见证归氏三世痛”，让学生根据文本内容拟出下联。这个设计充分激发了学生的整合意识，大家反复研读文本，拟出的下联有“归有光立志寒窗十余载”“枇杷树追忆亡妻一生情”“枇杷树映照夫妻半生缘”“居陋室不忘家国天下兴”……从而使学生在更高层次上实现对文本内容的整体把握。

运用浓缩内容法，要求教师在备课时真正读透教材，通过“出入法”（钻进去、跳出来）和“厚薄法”（厚书薄读）把文本浓缩成一段话、一句话甚至一个词，以实现文本内容的高度整合。这样，教师在教学时就能居高临下、统帅全局，帮助学生在最短的时间内把握文本最具核心价值的信息。

（二）主问题设计法：抓住解读文本的“牛鼻子”

主问题设计法就是通过设计高度概括、能够统领文本主要内容的主问题来整合文本的方法。传统的教学设计不注重对文本问题的整合和提炼，教学中教师“碎问”，学生“碎答”，静止、孤立、缺乏紧密联系的大量提问缺乏内在的聚合力，严重割裂了教学内容的整体性。要改变这种状况，我们可以采用主问题设计法对文本的主要内容进行整合，让学生围绕一两个主问题展开学习，从而简化教学内容和教学程序，提高教学效率。

教学时，我们可以就文本提出许多问题，但有些问题属于细枝末节，不必深究；有些问题虽然很重要，但可以进行同类合并。这样，最终可以将文本中的诸多问题整合为一两个具有统领意义的主问题，从而整合文本内容，促进学生深入解读。比如，特级教师余映潮执教《祝福》时就根据人物形象来设计主问题，以整合课程内容。他问学生：“有人说作者笔下的祥林嫂是一个‘没有春天的女人’，请证明这种观点。”学生理清了祥林嫂悲剧命运的发展过程：立春之日，丈夫去世——在春天失去丈夫；孟春之日，被迫改嫁——新年刚过就被婆婆卖掉；暮春之日，痛失儿子——春天快完了，儿子被狼吃了；迎春之日，一命归天——消逝在祝福的鞭炮声中。学生最终明白：冷酷的社会没有给祥林嫂以温暖，而是把她一步步逼向死路，小说深刻地揭示了封建社会的吃人本质。余老师以“没有春天的女人”这个人物形象为主线，“串”起了整篇小说的情节、环境、主旨等，“串”起了整个阅读教学的过程。这条主线提纲挈领、高度概括，整合了小说的主要内容，使教学于单纯中尽显丰满，有效地凸显了文本中隐含的信息。

另外，文章标题、关键词句、文章内容间的联结点、文本中的空白点、作家的创作谈、别人对文本的评价语等，也都可以作为设计主问题的切入点。例如，新生代教师王开东执教诗歌《错误》时，让学生用两个相关的关键词概括对诗歌的理解。学生拟出（句式的）常式和变式、江南与莲花、望与听（思妇的“望”只是一个动作，“听”却显示出心灵的融通、坚守的执着）、过客与思人（是丈夫与思妇，也是游子与母亲）、错误与美丽（无论是漂泊还是等待，无论人生如何，只要曾经努力，即使错误，亦为美丽）等关键词，提炼出诗歌的内涵，理清了诗文的内在联系，实现了对诗歌的多元解读。

主问题设计法彻底克服了过去那种肢解文本、枝蔓丛生的弊端，能使教学中的无效提问减少，使有效提问高度集中，最终帮助学生实现对文本的整体把握。余映潮老师说：“主问题立意高远……主问题是深层次课堂活动的引爆点、牵引机和黏合剂，在教学中具有‘一问能抵许多问’的艺术效果。”在教学中，摒弃面面俱到、“眉毛胡子一把抓”的设计思路，用“牵一发而动全篇”的主问题串联、提挈文本的主要内容，就等于抓住了整体解读文本的“牛鼻子”。

（三）比较整合法：比出文本的个性与共性

比较整合法就是通过整合在内容或形式上具有可比性的不同文本，探究不同文本的个性特色或共性规律，让学生获得更为鲜明、深刻的知识的方法。

俄国教育家乌申斯基认为，比较是一切理解和思维的基础，我们正是通过比较来了解世界上的一切事物的。比较既是认识事物的有效方法之一，也是整合课程的方法之一。从语文教学的内容来看，可以整合相同单元的文本、相同体裁的文本、相同作家不同时期的作品、相同时代不同作家的作品等。从切入点来看，可以从主题思想、人物形象、表现手法、语言特色、构思规律、创作风格等方面进行比较整合。从思维的角度来看，可以同中求异，发现不同文本的个性特色；也可以异中求同，把握文本间的共性规律。下面重点从思维的角度谈谈比较整合文本的方法。

教学时，对于作家相同、体裁相同、主题思想相似的文本，我们可以采用同中求异法进行比较整合，引导学生发现文本的个性特色，培养学生把握文本间的细微差别的能力，以及对问题进行细致思考的能力。

例如，《醉花阴》是宋代词人李清照前期幸福生活的写照，《声声慢》是其后期痛苦生活的缩影，同为写愁，情调大异。教坛新秀熊芳芳老师引导学生思考它们在思想与艺术上的不同，用同中求异法进行比较整合。

首先，“愁”之风格不同，人之形象各异——《醉花阴》的“愁”迷蒙华丽，塑造了敏感多才、深切思夫、委婉动人的少妇形象；《声声慢》的“愁”孤寂凄清，塑造了国破家亡、夫死家散、孤寂悲苦的寡妇形象。其次，“黄花”与“酒”的作用相似，但透露的情调、心境迥异。最后，熊老师从情感、意象、情调等方面进行比较，使学生对两首词表现“愁”的方式、“愁”的内涵、塑造形象的不同有了更清晰的认识，对李清照前后期作品的巨大变化有了更深入的了解，对时代与生活对作家创作的深刻影响有了更立体、更鲜明的认识。

对于在思想或艺术上具有某些共同点的文本，我们可以采用异中求同法进行比较整合，帮助学生把握不同文本的共同规律，培养学生透过现象看本质的能力，以及对问题进行深入思考的能力。

例如，笔者在教学中曾对沈佺期的《龙池篇》、崔颢的《黄鹤楼》、李白的《登金陵凤凰台》三首唐代诗人的作品进行比较整合，引导学生总结它们的构思规律：首联都紧扣题目写神话传说，颔联都由传说进一步发挥，颈联都写眼前景物，尾联都抒发情感，三首诗歌都是按照“神话传说—‘发挥’传说—眼前景物—情感抒发”的构思来写的，让学生熟悉这类诗歌在构思方面的共性，知道写作时布局谋篇的重要性。

比较整合法加强了知识之间的联系与对比，使学生在比较的过程中发现不同文本的个性与共性，增强了学生思维的独特性与思辨性，拓展了学生思维的广度和深度，教学效果很好。

（四）归类整合法：建构知识的框架体系

归类整合法就是运用归类的方法，把庞杂、零散、缺乏系统性的语文知识点进行分类整理与聚合，从而建构知识的框架体系的文本整合方法。

心理学家皮亚杰认为，人的知识是逐渐建构的，松散的、孤立的知识往往不能被我们自由地运用，只有把新知识不断纳入旧的知识系统，这些知识才能真正为我们所用。因此，教师在教学中要尽可能建构各类知识的框架体系，帮助学生更好地把握知识。建构知识体系的方法有很多，对知识进行归类整合是一种很有效的方法。教学中，教师可以从单篇课文知识、单元知识、专题知识三个层面对知识进行分类整合，建构各类知识的框架体系。

我们知道，每篇课文都包含很多知识点，但它们“散”于文中，不便把握。如果将这些知识点进行分类整理、集中教学，就会更有效，文言知识的学习尤其如此。如学习包含较多文言知识的《报任安书》时，我们可以分类整理文言知识：通假字、古今异义、一词多义、词类活用、特殊句式、文化知识等。这样的分类整合，能够使学生在很短的时间内全面把握本课的文言知识。

学完一个单元后，应该对单元内所有课文的知识点进行提炼与归类，将零散的知识整合为系统的知识。特级教师余映潮对一个写景散文单元的知识整合堪称典范。余老师紧扣该单元课文“写景语言优美”的特点，带领学生从六个方面整合、积累知识：“知道一点常识”，掌握课文《春》《济南的冬天》《海滨仲夏夜》《秋魂》的基本内容；“识记一批雅词”，记忆三十六个优美词语并造句；“摘录一些美句”，从“春夏秋冬”“风花雪月”“山水草木”等角度积累句子；“学习一种妙思”，指导学生模仿《秋魂》的“三层式构思”写一段话……这样做能够让学生紧扣本单元课文的体裁、内容特点，在联系旧知识的基础上对新知识进行分类整合，完成对单元知识框架体系的建构，学生收获很大。

我们还可以进行专题知识的分类整合，可以从语法知识、修辞知识、文言知识、文学常识、名句名篇等方面对语文的基础知识进行归类整合，从文学作品的语言、形象、技巧等方面对文学知识进行归类整合。比如，可以把同一朝代的作家和作品归在一起，也可以把同一作家的不同作品归在一起，形成文学常识的框架体系。唐代诗人杜甫的诗歌《望岳》《茅屋为秋风所破歌》《春望》《登楼》的常识就可以整合为这样：杜甫早年有“会当凌绝顶，一览众山小”的豪情壮志，“安史之乱”时只能在长安“感时花溅泪，恨别鸟惊心”，到四川后在漏雨的茅屋中仍存有“安得广厦千万间，大庇天下寒士俱欢颜”的崇高理想，晚年却只能发出“可怜后主还祠庙，日暮聊为梁父吟”的无限感慨。这样归类整合，既有助于识记杜甫不同时期的作品，又能把握他的思想变化情况和忧国忧民的情怀，可谓一举多得。

归类整合法，实际上就是将分散的知识点通过整合建立起内在的联系，构建知识的框架体系。利用归类整合法，大框架里套小框架，就像把不同的知识放在不同的抽屉里，使用起来非常方便。在此基础上再引导学生进行深入思考，他们就能发现一些内在规律，融会贯通，收到事半功倍的学习效果。

三、构建课程，走向深邃

语文教师应运用“主题聚焦”的方法，把各种零散的学习材料串成“集成块”，建设富有生命活力的语文课程，建设言语与精神的大厦，从而引导学生构建丰盈自我生命的家园，引领学生走向深邃。

（一）主题聚焦，构建课程

我们可以以具有相同人文因素的话题、情境等为主题，将语文教材或其他文本等学习材料中零散甚至单一的内容进行重新组合与整理，从而聚合多种材料中具有相同文化特质的丰富信息，形成精神内涵统一的课程。

特级教师窦桂梅提出了“主题教学法”的概念。其实，“主题”也可以是一种课程构建的方法。在“生命语文”的教学背景下，教师应该成为课程的开发者，克服知识教学“见知不见人”的弊端，带领学生围绕一定的文化主题重新选编与整合课程内容，或对教材内容进行重组，或直接构建新的课程，把原先零散、孤立的知识内容整合为具有相同主题的“集成块”，使学生在更宽广、更立体的文化时空内，多角度地获取更为丰富的信息，感悟更为深刻的文化内涵。我们可以以人物、情感、观点、时间、地点、事件等方面的内容为主题进行课程构建。

一些作者或作品中的人物具有一定的文化内涵，我们可以以之为主题整合相关的资源，使学生对其有更加丰富的认识。特级教师赵谦翔教《赤壁赋》时，以“感悟苏东坡”为主题，整合了《赤壁赋》《定风波》《浣溪沙》《江城子·密州出猎》《念奴娇·赤壁怀古》《东坡突围》等作品以及余秋雨、周国平研究苏东坡的文章。学生研读这些内容后，写出了《一位诗哲》《漂泊者的歌谣》《缚不住的苏东坡》《清江明月自有意——浅谈江月意象在〈赤壁赋〉中的作用》等文章，全面地评价了苏东坡及其作品。这样的分析与构建，使学生对苏东坡有了更为全面的了解，同时，学生受到的教益也是立体的、鲜活的、丰富的、深刻的。

对于一些抒情类文章，我们可以以情感为主题整合相关的课程资源，使学生受到强烈的情感冲击。窦桂梅教《再见了，亲人》时，以“亲人”为主题，整合了《再见了，亲人》《我的老师》两篇文章，并加入抗洪战士、勇战非典的白衣天使、“感动中国 2003 年度人物”等人物的事迹，以及推介表现人间亲情或动物之爱的书籍等，把多种信息整合为一个关于“亲人”的交互信息网，使学生从多个角度、多个侧面体会“亲人”一词丰富的文化内涵，并在开放的主题课程中受到深刻的情感教育。

语文学习的外延和生活的外延相等，我们还可以通过整合直接为学生构建课外的主题学习课程资源。我曾经以“汶川地震”为主题，整合了相关的图片、文字和歌曲等课程资源，给学生上了一堂精彩的语文课。课后，学生写出了《“震”痛在心中——让心灵的文字铭记历史》《挺住汶川，挺住中国》《我想握住你的手》《向生命致敬》《爱的守候》《用爱撑起希望》等文章，接受了精神洗礼和人生教育。这些课程资源虽然全部来自课外，但因其具有相同的文化内涵，贴近时代脉搏，生动鲜活，对拓展学生的视野、滋养学生的心灵、促进学生的生命成长都起着课内资源无法替代的作用。

主题聚焦、构建课程的方法突破了文体、学科、选修与必修等的限制，突破了教材思想的限制，源于教材，又超越教材。它站在学生生命成长的高度，聚合诸多文本中具有相同文化内涵的丰富信息，在丰富的语文学习活动中构建立体的、充满生命张力的课程，让学生在语言、思想、文化等多个方面得到熏陶和滋养，功效显著。

（二）构建“生命语文”主题课程，丰盈生命

国内有影响的课程构建方式不胜枚举，胡立根老师的“‘写’为核心、读写互动的高中语文学习体系”，吴泓老师的“高中语文专题研究性学习”，都具有生命的活力。我借鉴名家理论，开展“基于‘生命语文’教育理念的高中语文主题学习”课程构建方式的探索。它是一种符合“智能势差”理论，促进学生言语与精神成长的课程开发方式。胡立根老师认为，学习内容与学习者的接受能力之间应该存在一定量的、适宜的势差，这样才能使知识向学习者正向流动。“基于‘生命语文’教育理念的高中语文主题学习”是以学生的自主学习、海量阅读、研究性写作为主要特征，以浓缩现行教材、编写“主题”实验教材为基本载体的语文学习体系。

教师在自我生命意识的驱使下，带领学生创编富有生命活力与精神内涵的动态主题课程，引领学生接受课程的海量信息刺激并围绕主题进行研究性写作——海量的信息刺激对学生原来稀少的信息量形成了巨大冲击，建立在主题阅读基础上的研究性写作又使学生在选题、组材、创作的过程中体会到心性的自由、生命的舒展、创造的愉悦——这与学生的思维基础形成了巨大的“智能势差”，有助于充分调动学生阅读、思考、表达的积极性，促使学生建构起言语和精神的大厦，使他们的生命走向多元、丰富、深邃。这种“主题学习”打通了阅读与写作的通道，通过广泛而深入的读、深刻而独特的思和富有个性的写，实现读写一体化，从而有助于真正实现语文教育内在的生命关联。

“基于‘生命语文’教育理念的高中语文主题学习”的基本流程如下：

1. 学习愿景

构建文本课程，指向师生心灵，建立生命关联，师生将文本课程与自己的生活、心灵、生命融合，课程成为师生生命中不可分割的部分，使师生的生命更加崇高、丰富、深邃，促进师生生命的不断成长。

2. 构建课程

主题课程的构建有四种形式：一是以现行教材中单篇课文为基础扩展深化的主题，从单篇课文中提炼合适的主题，补充几篇内容或形式相似的文章，整合为“群文主题学习单元”开展学习；二是以现行教材单元为基础扩展深化的主题，从教材单元中提炼合适的主题，进行内容方面的增删，整合为“新群文主题学习单元”开展学习；三是开发整本经典，形成学习主题，基本流程为“课程准备—整本书阅读—分主题研究—自选主题研讨—论文写作—成果展示”；四是根据学生的需要和相关资源开发学习主题。它们都要经过“主题内容导学—海量主题阅读—拓展思考联系—研究性写作”这四个步骤。刚开始，现行教材与自编课程可同时使用。教学内容上，可以将现行教材古诗文单元整合教学，其他内容删掉或整合学习。教学时间上，现行教材占1/3或1/2，自编主题课程占2/3或1/2。

3. 学习路径

（1）“读”与“解”：阅读主题文本，基本理解文本的内容和思想，要深入地读，认真地观察和思考。

（2）“联”与“通”：联系自己的生活经历，打通心灵与主题文本之间的壁垒，找到关联点，能够解释、联系、印证，产生共鸣。

（3）“思”与“言”：综合思考并进行研究性写作，针对主题文本开展带有个人生命感悟色彩的主体言说——我读出了什么，我受到了怎样的触动，实现了怎样的成长。

第一步通过“读”达到“解”，第二步通过“联”达到“通”，第三步通过“思”达到“言”。通过“解”文本、“联”生活、“言”感悟，实现从学习文本到提升生命境界的愿景。

4. 课程特点

（1）从“选篇式语文”到“主题式语文”（确立生命主题）。

（2）从“概念化语文”到“生命化语文”（建立生命关联）。

（3）从“导读式语文”到“学习式语文”（确立主体地位）。

（4）从“读写分离式语文”到“读写贯通式语文”（打通读写通道）。

例如，我与学生进行的《论语》主题课程学习，教学步骤如下：首先，按照顺序阅读《论语》原著，梳理词句的意思；其次，学生质疑，教师提问，围绕问题开展专题研讨；再次，学生自主选题，搜集材料；最后，学生围绕主题进行小论文写作。通过课程学习，实现了三个目标：第一，学习《论语》中的知识，识记文言词句，背诵并默写名句；第二，联系生活，以《论语》为镜反观自己的生活，以《论语》为尺衡量自己的生活；第三，实现言语与精神的双重成长，找到自己的思想、行为与《论语》中的“君子”之间的差距，开始有意识地反省自己的品行，改正自己的错误，走在成为“君子”的路上。学生写道“虽不能至，心向往之”。这样的学习过程，就是学生的思想一点点提高、境界一点点升华的过程。

苏立康教授认为课程开发代表语文教育未来的一个方向。的确，单篇课文适合细读与精读，有主题、长度、厚度的课程则适合泛读与博览，它能对学生的思维和思想产生深远的影响，而两者结合起来，才是完整的语文教育。一些具有远见的名师很早就开始进行课程的开发探索了。赵谦翔老师在东北任教时开发了“东方时空”课程，到清华大学附属中学任教后开发了“感悟清华”课程。邓彤老师开发了《红楼梦》主题课程。然而在实际教学中，多数教师还在进行单篇课文的教学，只追求公开课的精美，用中语会阅读推广中心主任孟素琴老师的话来说，“‘萝卜雕花’再精美，也还只是萝卜而已，变不成很有营养的东西。而开发课程其实就是‘做大餐’，大餐比起萝卜来，其色香味和营养价值不可同日而语”。我们应该不断开发新的课程，为学生送上营养丰富的“大餐”，这样就会欣喜地看到学生感知知识魅力的喜悦与精神成长的幸福。这些不断开发的创意课程也将成为重要的里程碑，引领中国的语文教育走向新的时代！

四、多种途径，唤醒共鸣

在“生命语文”教育中，无论是传授式、启发式等教学方式的选择，还是语言描述、音乐渲染等教学手段的运用，抑或是对比、联系等教学方法的采取，都应选择富有生命活力的教学途径，激活学生的生命状态，唤醒学生的生命激情，引发学生的学习兴趣，引起学生的心灵共鸣。这里重点谈谈几种具有生命活力的教学方法。

（一）描述法引入情境

我们可以在教学中采用描述法导入，把学生的思绪带到特定的历史事件情境中。例如，我在教学《记念刘和珍君》时饱含深情地说出了这样的导入语：“同学们，本节课我们将跟随鲁迅走进这样特殊的一天：这一天，天空布满阴霾；这一天，天安门广场上血流成河；这一天，40 多位青年罹难，九州同悲；这一天，被鲁迅称为“民国以来最黑暗的一天”，所有的华夏儿女都为之痛心疾首；这一天，就是 1926 年 3 月 18 日，一个需要我们永远铭记的日子。今天，我们学习鲁迅的作品《记念刘和珍君》，共同缅怀“三一八”惨案中牺牲的人们。

（二）删除法体验情境

我们可以在教学中采用删除法，引导学生进行虚拟的情境体验。比如，著名特级教师王崧舟在执教“亲情测试”时，先让学生在纸上写下自己最爱的五个人的姓名，然后让学生划去一位。学生面露难色，一番抉择后划掉了一个人。王老师此时问学生：如果有一天，你必须再舍弃一个人，你会舍去谁？就这样每次舍弃一个人，直到舍弃最后一个人。对于所有学生来说，每一次“舍弃”都是一次痛苦的抉择过程，大家划着划着就划不下去了，教室里响起抽泣之声，所有学生到“舍弃”最后一个人时都泪流满面了。一堂课下来，好多学生哭了几次。王老师让学生把最爱的亲人的名单划去，并问学生有什么话想对他们说，然后要求学生想象这位亲人的一个动作、一个生活场景或一个细节，这点燃了学生情感表达的火花，他们情绪激动，一句句发自内心的真挚话语喷涌而出，文思泉涌。王老师运用删除法，带领学生进行亲人离去的虚拟情境体验，在这个过程中，每个学生都充分体会到与亲人离别时的悲伤与痛苦。这是一种真实的生命体验，能让学生真切地感受到平时很容易忽视的事情——亲人对自己的关爱和重要，重新唤醒学生对亲人浓浓的依恋、爱戴、感恩等宝贵的情感。

窦桂梅执教《圆明园的毁灭》，刚上课时，她板书了有关圆明园的美景、价值等大量的内容。当讲到“我国这一园林艺术的瑰宝、建筑艺术的精华，就这样被化为灰烬”时，她一边说“就这样被化为灰烬，我们再也看不到那大园套小园，众星拱月的园中之园了，我们再也不能到我们刚才去过的四十景去住上一辈子了，我们再也不能欣赏那劳动人民智慧的心血创造的青铜器和名人字画，我们再也看不到那磅礴雄伟的亭台楼阁，还有那迷人的山乡村野了。总之，圆明园什么都没有了”，一边擦掉黑板上的除“圆明园的毁灭”六字外的所有内容，整个黑板上只剩下一片空白。学生在窦老师一点点擦掉板书的过程中，看到黑板上的有关圆明园的美好事物一点点全部“消失”，仿佛经历了那美好事物一点点消失的历史时刻，心灵受到了极大的触动，陷入了深深的思考之中。

（三）想象法放飞思维

我们可以在教学中采用想象法，放飞学生的思维，点燃学生灵性的火花，使学生舒展思维的触角，体会语言的魅力。比如，教学《沁园春·雪》时，我引导学生在诵读时想象自己就是一代伟人毛泽东，如巨人立于天地之间，眼望远方，俯瞰北国万里山河，山如银蛇舞动，平原上被白雪覆盖的大地如白象奔驰；想象自己这个立于天地间的巨人声响九霄，震彻寰宇。通过在诵读中想象，激发出青春学子气吞山河的英雄气概。

特级教师周益民执教《去打开大自然绿色的课本》时，让学生想象后回答：诗人为什么说大自然是课本呢？学生回答：因为大自然充满着知识，蕴含着科学的奥妙，牛顿就是从苹果落地这一自然现象中受到启发而发现万有引力的。周老师将问题聚焦：大自然是奇妙的课本，是什么课本呢？学生的思维活跃起来。有人说，是语文课本，因为当看到树木时，我们就会想起“木”字，我们倚靠在大树旁不就是“休”字吗？有人说，是音乐课本，小燕子是音符，《燕子》中写过停着的燕子成了音符，谱出春天的歌。有人说，是美术课本，色彩鲜明，线条多样，层次丰富，山川田野，鸟兽虫鱼，都是画中的景观。有人说，是用绚丽色彩描绘的童话书，春天的童话是嫩黄的，夏天的童话是碧绿的，秋天的童话是金色的，冬天的童话是雪白的。最后，周老师总结道：“好浪漫的想象！大自然神奇而美妙，打开它就会感受到无穷的魅力。我相信只要我们用心体会，它还是数学课本、体育课本，甚至是舞蹈课本。我们只要用心阅读，同样拥有自己的大自然课本。”在平和从容的氛围里，教学流程如一幅绿意浓浓的画卷，有序地铺展开；在亲近的谈话间，学生链接生活体验，习得语文知识。

（四）补充法丰富内涵

学生受到学识、能力、阅历等的限制，很多时候不能读出作品的丰富内涵，这就需要教师采用补充法，补充材料，帮助学生多角度、立体地解读文本。如《雨巷》中的“丁香姑娘”意象朦胧，学生只凭诗句很难全面而深刻地把握意象。教学时我们可以先展示丁香花的图片，让学生对丁香花“白色或紫色，纤小文弱，外形像结”的形象有感性的认识；然后补充描写丁香的古诗词“芭蕉不展丁香结”“丁香空结雨中愁”，让学生感受丁香美丽、高洁、愁怨的气质；再播放现代歌曲《丁香花》，增强感染力；最后引导学生体会本诗中“雨中丁香”的愁怨和凄美，帮助学生把握“丁香姑娘”丰满的形象。经过这样的补充，基本还原了诗中“丁香姑娘”意象所蕴含的丰富、深刻的内涵，拓展了诗歌内容的广度和思想的深度。

（五）诵读法焕发激情

我们在教学中可以采用诵读法焕发学生的生命激情，增加学生的生命体验。我小时候在广播节目中听到《草莓》的散文朗读，就想到新鲜可口、颜色红艳、汁水欲滴的草莓，感觉文章写得非常好。而当自己去读这篇文章时，却读不出初听时的那种味道——因为播音员的诵读具有很强的感染力。

《归去来兮辞》是东晋诗人陶渊明的作品，与学生有一定的距离。我引导学生诵读"登东皋以舒啸"，通过吟诵诗句和品味"啸"这个词语，唤醒学生的情感，让他们感受到陶渊明追求自由的情怀。我问学生在什么情况下会"放声长啸"。有的学生回答，心情非常压抑，想释放一下。我就让学生带着释放的感觉诵读这几句。学生完全进入角色，高昂着头，使出全力高声诵读："登东皋——以——舒——啸——！"我追问："大家体会到什么样的生命状态？"学生纷纷回答"有活力""有激情""有生命力""有一种'大河向东流'的感觉"。我让学生带着体会到的感觉再次诵读，学生的精彩诵读把课堂教学推向高潮。教师指导学生联系生活感受的真情诵读，唤醒了学生生机勃发的自由心性，点燃了学生的生命激情，学生既充分理解了陶渊明归隐田园的闲适快乐，又尽情彰显了自己的青春活力。在评课时，史绍典老师说："本节课带领学生真正走进了文本，走进了陶渊明的心灵，激起了学生与作者、作品的共鸣，让学生理解了陶渊明的生命选择和生活状态。"王土荣老师说："这节课真正激活了文本的生命，静止的文字变成了活的生命，充满生命的律动，真正走进了学生的心灵深处。"

（六）音乐法唤醒情感

我们在教学中可以利用音乐搭建桥梁，打通学生的情感通道。我执教《大堰河——我的保姆》时，在学生充分理解了大堰河对"我"的爱后，让学生听歌曲《懂你》，歌曲中那荡气回肠的旋律、"把爱全给了我，把世界给了我"等感人的歌词深深地打动了学生的心，唤起了学生对母爱的回忆，架起了诗歌内容与学生情感之间的桥梁，学生在浓浓的抒情氛围中更深刻地理解了诗歌中蕴含的情感，充分感受了崇高的母爱，心灵受到了强烈的震动。一位心理学家说："音乐使愁苦人快乐，胆怯者勇敢，轻浮者庄重。"此外，教学《木兰诗》，我们可以播放古典音乐《十面埋伏》；教学《渭城曲》，我们可以播放《阳关三叠》；教学《听潮》，我们可以播放《命运交响曲》等，让与文本内容主题相似或相同的音乐来感染学生的心灵，唤起学生心中相关的情感，引发他们心灵的共鸣，升华他们生命的境界。

（七）联系生活法拉近距离

我们在教学中可以采用联系生活法，拉近文本与学生思想、现实生活之间的距离。特级教师邓彤执教《项脊轩志》时，为了引导学生联系生活理解文本内容，设置了这样的问题：如果要纪念归有光，按照现代文学馆格局，那肯定要布置一间名为“项脊轩”的书房，项脊轩原来是什么样子？当学生用自己的话说出了对作品前半部分内容的理解后，邓老师继续问：这样的房间适不适合做书房？在那里能安心读书吗？学生回答：不能。邓老师接着问：我们应该怎样修葺它？通过这样的问题引领，将学生的生活经验带入对课文的理解中，学生感觉不是在学习《项脊轩志》，而是在谈论如何修葺自己的书房，自然会主动参与，乐在其中。教学《杨修之死》后，我让学生为杨修写墓志铭。学生以对联的形式拟出“妙策满腹，恃才放旷，错错错；才智虽在，王颜难犯，莫莫莫”“十年面壁图破壁，一代天才杨德祖；几经挫折杀身祸，忌才多怪曹阿瞒”“学富五车智比天高，恃才放旷命终还惨”“天降奇才死于非命，恃才放旷咎由自取”“旷世奇才谁欣赏，到头拼来一场空”“恃才放旷杨德祖屡犯操，忌才多疑曹孟德怒杀修”等。教学《苏州园林》之后，我布置作业：制作以“苏州园林”为主题的明信片，一面选取最有代表性的图片，另一面写上推荐语。教学《七根火柴》时，我设置生活情境：在一个历史博物馆的展台上，摆着六根火柴，请你以讲解员的身份讲解《火柴的故事》。通过联系生活，学生有了切身的体验，从而能更好地理解文本和提升思想。

（八）直观实验法增加体验

我们在教学中可以采用直观实验法，通过画图、实验等方法来直观再现事物的特征，增加学生的生活体验。这种方法在教学说明文时运用得较多。比如，教学《第比利斯的地下印刷所》《故宫博物馆》等建筑类说明文时，可以运用绘图的方法来再现建筑物的结构。教学《死海不死》时，可以在课堂上做实验。先端一杯水，拿一袋盐和一个鸡蛋。将鸡蛋放入水中，它会沉入水底。那么，在什么情况下，鸡蛋能在水中浮起来呢？加盐，不断地加盐，加到一定程度，鸡蛋就浮起来了。这样做，既调动了学生的学习兴趣，又直观地再现了事物的本质特征，有助于直接增加学生的生活体验，使学生更好地理解文本内容，能收到非常好的教学效果。

（九）角色体验法理解文本

我们在教学中可以采用角色体验法，使学生站在文本中的某个角色的位置上理解文本，体验情感。学生扮演文本中的角色，仿佛自己就是文本、故事中的一员，在讲述、表演自己的故事。这样能使学生站在该角色的位置上理解文本内容，体验人物情感，文本中的事好像是学生自己做的，话好像是学生自己说的，学生不仅会感到亲切，也容易理解和产生共鸣。角色体验一般可以分为角色朗读、表演课本剧等。例如，教学《皇帝的新装》，可以让学生分角色朗读课文，让皇帝、大臣、骗子、天真的小孩都栩栩如生地展现在课堂上，参与角色朗读的学生会感觉自己就是故事中的人物，而欣赏的学生会感到文本中的故事就发生在课堂上，学生兴趣盎然，学习热情极高，自然很容易理解文本内容和人物形象的特点。

五、生命写作，精神成长

（一）在写作中实现生命的成长

福建师范大学的潘新和教授认为，写作是一个人精神生命“存在”的标志。具有丰富的言语生命，是一名具有专业素养的语文教师的本质特征，也是学生作为一个独立之人存在的重要标志。

专业写作是教师生命成长的原动力，每一名语文教师都应该以写作彰显自己的精神生命——点燃生命激情，促进自我反思，推动教育实践，助力生命阅读，提升人生境界，在实践中实现生命成长。这是语文教师生命成长的必由之路。而对一个学生来说，记录生命成长历程、积累人生点滴思考的写作也是其精神成长的重要路径。

1. 写作点燃生命的激情

写作是生命成长的内在动力。在写作中，一个人内在的言语生命被唤醒，生命激情被点燃，熊熊燃烧于纸张之上，燃烧于每一个用激情、智慧、理性、生命书写教育人生的语文教师的心中，也燃烧于每一个渴望上进、勇于求知的青年学子的心中。在那美妙的时刻，笔尖在纸张上游走，手指在键盘上翻飞，思想在积累中沉淀，生命在奋斗中绽放，击打着生命的鼓点，弹奏着生命的旋律，表达着生命的哀伤与喜悦，诉说着精神的卑下与崇高。我在博文《青春与理想同行》中表达了心中的激情：

我有理想，所以我有不老的青春；我与青年学子偕行，所以我永远年轻！我的理想在不懈的追梦之路上闪耀，在与学生共同成长中腾飞！激情与追梦携手，青春与理想同行，这就是我——一个教育追梦人的心声！极目观看，眼前展开的是一幅洁净的画卷，等待我们书写的是七彩的人生；细耳聆听，生活演奏着激越的进行曲，等待着我们的应和与行动！我永远不会停止前行的脚步，我的生命之树与学生的青春一样长青！

学生也在日记中抒发情思：

清晨迎着朝阳奔跑，傍晚浴着霞光沉思，青春之光在这里闪耀，思想之果在这里积淀，生命之火在这里熊熊燃烧！

2. 写作促进自我的反思

法国哲学家帕斯卡尔说，人是一根脆弱的苇草，但是一根会思想的苇草，思想成就人的强大。对语文教师来说，上完一节课或参与一次教育活动后，认真反省自己的行为，回味教育过程，像放电影一样在脑子里回放一遍，对照教育理论，想想其中的得与失，写下自己的心得，这就是教育教学反思。教师平时可以利用录音笔、录像机等及时记录有价值的教育教学活动，并在合适的时间回味思考。“教然后知困”，反思有助于了解教育教学的真实情况，总结经验教训，以便更好地改进教育教学。2005年的高考后我写了《生命不能承受之重——2005年高考回眸》，总结得失；我反思学生、同事、领导对我的评价，写下《镜中生活》，汲取经验教训，修正品行；看到留守孩子得不到正常的呵护与教育，我写下《谁来关心留守孩子的成长》；看到学校教育中的丑恶现象，我写下《教育，你的人性在哪里》；看到孩子因掉在地上一片纸被罚扫地一周，我写下《掉一片纸？扫一周地！》，痛斥变形教育对天真可爱的儿童的摧残。正如李镇西老师所说，具有反思的精神是现代优秀教师成长的重要途径。而对于成长中的学生来说，经常自我反思，可以不断纠正谬误，提高学业成绩；可以矫正为人处世中的种种不当行为，提高交际水平；还可以提升思想道德水平，升华生命境界。

3. 写作推动教育的实践

对教师来说，通过写作促进自我反思，通过反思又推动教育教学实践，这是一个良性发展的过程。教师通过反思性写作，可以总结经验，将经验更好地用于实践；可以总结教训，并在实践中改进。每天的随笔写作，让我们能及时总结教育教学实践中的经验或问题，不断改进。而专题性写作，则促使我们对一些问题进行深入思考，带动相关实践，推动教育教学创新。我在教学之余经常写教学随笔，及时记录工作中的闪光之处，并适时整理发表。如学习闺怨诗、边塞诗时，为了调动学生的兴趣，我即兴演唱了歌曲《十五的月亮》，激起了学生极大的学习热情，取得了很好的教学效果，课后我把上课的过程和思考记录下来，就形成了文章《课堂上，响起了动听的歌声》。而我撰写的课题报告《高中语文主题学习研究》则带动了我和整个课题组教师的语文教育思想和教学行为的根本变革。我正在进行相关实践，已经开发了《论语》课程、“百味清明”课程。为了“写”得好，必须“做”得好，写作反过来又能推动我们更好地实践。

4. 写作助力专业的阅读

一个人一旦开始写作，就会发现自己语言表达的平淡干瘪、理论水平的肤浅单薄、思想境界的低下平庸，就会逼着自己进行相关阅读。阅读文学作品，学习优美文辞，提高表达水平，会让语言变得多姿多彩；阅读教育专著，提升理论素养，会让“文本价值”“课程意识”等理念化为自己的学术思想；阅读科学和人文著作，提升思想境界，会使自己成为公共知识分子，自觉担当起传播普世价值和人文精神的重任。在写作的驱使下，我阅读《平凡的世界》《穆斯林的葬礼》，学习如何用朴实的文字表达坚定的人生信念，如何用优美的文字表达浓浓的情感；阅读《给教师的建议》《育人三部曲》《爱的教育》，我理解了教育的真谛就是“人学”；阅读《谈美书简》《美的历程》《人间词话》，我领略了中国古典文学的艺术之美；阅读《语文科课程论基础》《言语教学论》《语感论》《语文：表现与存在》，我理解了语文教育的真谛；阅读《中学语文教学》《语文学习》《语文教学通讯》，我及时了解了最新的教学动态、研究成果等。我相信，这样的专业阅读终会经由写作沉淀为自己的教育教学思想，润泽自己及学生的生命。

5. 写作产生生命的诗意

一个人在写作中，大脑通常处于空灵状态，思想乘着情感、理性的翅膀自由飞翔。无论是语文教师还是学生，每天的工作或学习都是琐碎、繁杂的，但写作会让我们的生活变得富有诗意。我们可以像写小说一样叙述每天的教育或学习故事，像写散文一样抒写心中的情思，像写诗歌一样展现生命的激情。学生的一句问候，同事的一个玩笑，课堂上的一个问题，校园里的一朵小花，日常生活中的一些不为人注意的细节、感动、思考，都可以用诗意的语言来描述、表达、呈现。这是我的随笔《倾听花开》中的文字：

蓝蓝碧空下，灿灿阳光中，徐徐微风里，清清流水旁，各种花儿，红的，绿的，黄的，紫的，白的，迎春，牡丹，玫瑰，月季，金菊，梅花，一朵朵，一枝枝，一簇簇，一片片，竞相次第开放，多么美丽，多么美好！生活里，工作中，茶余饭后，花前月下，不也到处都盛开着美丽的生命之花吗？学生的一张可爱的笑脸，同事的一个善意的建议，领导的一句鼓舞的话语，朋友的一次真诚的关怀，生活中的一个大胆的设想……每一点新的发现，每一次心灵的触动，哪怕只是春风拂过水面的轻柔，只是冬雪覆盖大地的温情，都是一朵朵盛开的花儿呀！如果我们长着发现的眼睛、倾听的耳朵，就会发现日常生活中很多不为人注意的美好事物，会触摸到很多不为人察觉的美好情感，会感受到世界的微妙和美好，会倾听到“花开的声音”……

写作可以产生生命的诗意。在写作中，我们能感受到教育、学习生活的诗意和美好。

6. 写作提升生命的境界

《左传》中说：“太上有立德，其次有立功，其次有立言，虽久不废，此之谓不朽。”“立言”是一个人，尤其是一名从事语言相关工作的语文教师、一名成长中的学生显示自身存在感的重要标志。如果将自己的思考与实践沉淀为作品，那种源自心灵深处的生命的自豪感便会油然而生。许多名家都是通过写作显示人生价值的。司马迁“究天人之际，通古今之变，成一家之言”，彪柄千古，以被誉为“史家之绝唱，无韵之离骚”的《史记》而著称于世。潘新和教授说，我写故我在，写作与生命一体。他认为，写作“是自我的存在性的自发的需要，是生命的本质性的、潜在性的需要，是思考的需要……言语是生命的寓所……言说的意义等于生命的意义，言语与生命、与存在同一”。作为语文教师或求知的学子，我们要通过写作，不断反思，总结经验，沉淀思想，形成作品。对社会来说，写作使我们的思想和实践为世人所知、所学、所用，为他人和社会带来更大的价值；对自身来说，写作可以让我们的生命变得更为丰富多彩，更有诗情画意，更有内涵和品位，让我们更加深刻地体会生活的趣味、幸福，心性变得更真、更善、更美，人生境界更高、更远、更深邃！

以下是我 2006 年写的一篇随笔，从中可以管窥写作对我生命成长产生的巨大作用：

现在是2006年1月20日23点59分，马上就要到21日了。看了李镇西老师的“五个一”工程，想到李老师的许多日记都在午夜写出，都是用心血和毅力浇灌而成的，我真的很惭愧。记得刚上教育在线论坛时，我勤奋地写作教育教学随笔，现在却时常中断，懒惰是最大原因。李老师每天工作不可谓不忙，却能每天坚持上好一节语文课、与一位学生谈心或书面交流、思考一个教育问题或社会问题、读书不少于一万字、写一篇教育随笔。而我呢？我必须做好计划，每天都写作！每天都读书！每天都实践！每天都思考！每天都成长！把自己如痴如狂、拼命三郎的劲头拿出来！永不找借口！用向上的心书写博客，书写拼搏，让心灵自由飞翔！

因为写作，我的文笔不再稚拙生涩，不再单调乏味，变得越来越流畅、成熟、色彩缤纷！因为思考，我写下许多教育反思，知识逐渐增加，思想渐渐沉淀。我的文章开始见诸报端，我被《新风教育》作为写作新人推介，我的博客受到朋友们的欢迎，点击量已超过5万次，我也开始负责学校的宣传工作。我相信，博客里的几百篇文章，是一颗颗“思想的石子”，经过岁月的磨砺，定会幻化出串串熠熠闪光的“珍珠”！

（二）精神、自由、思维、诗意——高考作文的新境界

我国从2004年实行高中新课程改革至今已有多年。这些年，高考正在试图冲破旧课程时代的坚冰，走向新课程改革的春天。纵观新课程改革前后几年间高考作文命题的变化，可以明确感受到新课程改革精神正逐步渗透的趋势：命题内容越来越关注现实人生，注重精神引领；命题形式是在限制和自由之间寻求平衡；命题对思维的考查是感性表达与理性表达并重；命题对语言的追求是从朴素平实到诗意审美。精神、自由、思维、诗意，成为高考作文的新境界。

1. 内容：越来越关注现实人生，注重精神引领

《普通高中语文课程标准（实验）》指出，语文教学应引导学生认识自然、认识社会、认识自我、规划人生；要充分发挥语文课程的育人功

能，弘扬和培养民族精神，为增强民族的生命力、创造力发挥应有的作用；要使学生形成健康美好的情感和奋发向上的人生态度；要鼓励学生积极参与生活，体验人生，关注社会热点，激发写作欲望。关注现实人生，注重精神引领，正是对这些精神的最好体现。

“文章合为时而著”，只有关注现实生活，才能写出具有真情实感的好文章，这一直是高考作文命题的重要原则。2004 年的作文主题“忙”反映了现代人的生存状态，“家庭教育”直指社会关注的焦点；2005 年的“说‘安’”体现了现代人对安定和谐生活的追求；2008 年的“为田鼠或田鼠的天敌拟一封写给人类的信”则反映了人与自然和谐相处的理念。

文章不是冷冰冰的文字，而是隐含着深刻的思想。高考作文命题应充分发挥育人功能，引领学生健康成长。2001 年的“诚信”，2006 年的“雕刻心中的天使”，2007 年的“我能”等都鲜明地体现了这种命题导向。而 2008 年全国卷一“对汶川大地震的感悟”的新材料作文和四川卷的话题作文“坚强”，则把关注时代、注重精神引领的命题导向推向新的高度。命题内容直指不久前发生的震惊世界的大灾难，把学生的目光引向现实生活，引向思想的启迪——让他们在考场上感悟生命、责任、爱心、坚强、民族、团结等，意义非常重大。这次作文不仅是对学生语言水平的检验，更是对学生思想的教育、人格的升华、灵魂的洗礼！许多考生是在泪水伴随下、在感动和震撼中写作的。可以说，这样的作文命题才是真正触动心灵、引领精神成长的命题，这样的文字才是从学生心灵深处流淌出来的文字，才是真作文！苏霍姆林斯基说，教育，首先是人学。语文教育的任务不是培养只会在“象牙塔”内读死书的“书呆子”，而是要让学生成为关心国家和社会，指点江山、激扬文字的“同学少年”！

2. 形式：在限制和自由之间寻求平衡

《普通高中语文课程标准（实验）》要求教师鼓励学生自由、有个性、有创意地表达，尽可能减少对写作的束缚，为学生提供广阔的写作空间。

高考作文命题一直做着相应的努力。

2000年之前，高考作文多为命题作文，限制性很强。1999年的“假如记忆可以移植”有利于学生发挥想象力，极具开放性，给学生留下了自由写作的空间，当年出现了许多优秀的高考作文，好评如潮。从2003年开始，话题作文成为高考作文命题的主要形式。这种命题形式给学生提供了自由发挥的空间，受到欢迎，但它在给学生写作自由的同时，有时又造成写作范围过于宽泛、命题立意不够集中的问题。为纠正这一问题，2006年高考作文命题中出现了新材料作文。它给定一些材料，提供多个可供写作的角度，让学生自由选择一个角度写作。这种作文命题形式有一定的限制性，让学生不至于漫无边际地闲聊，但因可自选角度写作，又为学生提供了相对广阔的写作空间。现在，新材料作文已成为成熟的作文命题形式，它在自由与限制之间找到了新的平衡点。

我国教育家陶行知提出，要培养学生，就要解放学生的思想。的确，解放思想是一切创造力的源泉。而近年来高考作文命题形式的不断变化，正是在为学生自由而恰当的表达寻找最佳着力点。只有把思想的自由还给学生，学生才能在精神成长的天空中自由飞翔。

3. 思维：感性表达与理性表达并重

《普通高中语文课程标准（实验）》指出，写作教学应着重培养学生的观察能力、想象能力和表达能力，重视发展学生的思维能力。学生的思维品质的优劣决定了其创造力的高下。因此，高考作文命题理应在培养学生的思维品质方面下功夫。

1999年前，高考中很少有明显把考查思维品质放在突出位置的作文题。从1999年开始，这类题开始成为命题热点。当年的作文“假如记忆可以移植”侧重对学生想象能力的考查，2000年的话题作文“答案是丰富多彩的”侧重考查学生思维的广度，2003年的“感情亲疏与对事物的认知”的“关系式”话题作文开始把对学生理性思辨能力的考查放在突出位置。2004年全国大部分的高考作文都是考查学生思辨能力的话题作文。如“相信自己与听取别人的意见”“快乐幸福与思维方式”等。这种作文命题形式的缺点是过于强调对理性思维的考查，限制了不擅长运用这种思维方式的学生，给人清谈的感觉。从2005年开始，出现了“留给明天”“一叶　一枝　一世界”等适于感性表达的话题作文，也出现了“纪念”“出人意料与情理之中”“凤头　猪肚　豹尾”“双赢的智慧”等既适合感性表达，也适合理性表达的题目。无论是擅长抽象思维的学生，还是擅长形象思维的学生，对这类题目都有话可说。它给学生提供了更为广阔的写作空间，受到大家的一致好评。2008年的“对汶川大地震的感悟”和“对母女养鸟放生故事的感悟”等新材料作文，也都是既可偏重感性表达，也可偏重理性思考的题目。

每个学生都需要感性思维和理性思维协调并重发展，它们是未来社会的人才必须具备的思维品质，教师应在作文教学中有意识地进行培养。

4. 语言：从朴素平实到诗意审美

《普通高中语文课程标准（实验）》指出，语文具有审美追求，语文课程应让学生受到美的熏陶，培养学生自觉的审美意识、高尚的审美情趣，以及审美感知和审美创造的能力。在高考作文中，审美追求不仅表现在构思上，更表现在语言上。

从2000年到2003年的高考作文，命题本身的语言表述都很平实，对学生作文的语言也没有特殊要求。到了2004年，出现了江苏卷的话题作文“水的灵动，山的沉稳”，虽然这只是命题语言上的诗意表述，学生既可用诗意的语言写作，也可用平实的语言写作，但它无疑释放出一个信号——追求诗意审美是高考作文的一大亮点。2005年的高考作文题“一叶　一枝　一世界”“今年花胜去年红”，2006年的高考作文题“北京的符号”都透露出追求诗意表达的信息。酝酿几年后，2007年的高考作文命题中，追求诗意表达的要求更加明显，如作文题“人生，诗意还是失意?”“春夜细雨的思考”“怀想天空”“诗意的生活”“提篮春光看妈妈”“语文，心中的一泓清泉”“行走在消逝中”等。2008年依然如此，出现了“春来草自青”“对‘天街小雨润如酥，草色遥看近却无’的感悟”等作文题，这样诗意的命题很容易引导学生用充满诗意的语言来表达。事实的确如此，高考作文中出现了很多富有诗意的文章。语文的核心是语言，追求语言的诗意与审美，理应成为高考作文的重要命题导向。

通过对近年来高考作文命题的梳理，我们知道，新课程改革的精神正在逐步渗透，“生命语文”教育理念正在逐步彰显。其价值核心在于以人为本，培养真正的人。对现实人生的密切关注，对精神价值的积极引领，旨在培养学生形成人文关怀意识，做高尚的人；不束缚学生，放飞他们的心灵，旨在让学生解放思想，做自由的人；注重感性表达和诗意审美，旨在培养学生的审美意识，让他们做诗意的人；注重理性的思辨和表达，旨在培养学生的理性思维和科学探索精神，让他们做智慧的人。今后高考作文命题的变化也应在新课程改革“以人为本”精神的基础上进一步发展，让我们翘首期待。

实践

第三章 “生命语文”的尝试与创新

在语文教学中践行“生命语文”理念，可以从如下几方面着手：还原文本生命，增加学生的情感体验；整合文本内容，促进学生高效学习；构建主题课程，引领学生走向深邃；选用活力方式，唤起学生的心灵共鸣；进行生命写作，促进学生的精神成长。

第一节　还原文本生命，增加学生的情感体验

回望陶渊明的生命田园

——《归去来兮辞》教学实录、说课及评课

教学实录

师：同学们，朗朗乾坤，谁能挣脱名利缰索的羁绊？滚滚红尘，谁又能拒绝高官厚禄的诱惑？但在中国文学史上就有这样一个人，他有官不做，乐居田园，书写了一曲曲动人的绝唱，他就是中国古代著名的“隐逸诗人之宗”，他是谁？

生（齐）：陶渊明。

师：今天就让我们共同吟诵他用心灵写成的绝唱——《归去来兮辞》，感受他独特的情怀！

（教师板书：归去来兮辞　陶渊明。）

师：题目是什么意思？

生（七嘴八舌）：就是归去的意思。“辞”是一种文体，“来”“兮”是语气助词。

师：对，“辞”是一种文体，富有抒情和浪漫气息；“兮”是“辞”这种文体的独特助词。

师：（多媒体出示学习目标）请齐读学习目标。

生（齐）：理清文章思路，体会文章意境，理解作者的人生追求。

师：现在请大家跟随老师的诵读，回到1000多年前的东晋时代，走进陶渊明的心灵世界。

（古筝曲《归去来》响起，教师声情并茂地诵读，全场师生静心倾听，都沉浸在教师忘情诵读营造的陶渊明“归去”的意境之中。诵读结束，全场师生报以长时间而又热烈的掌声。）

师：同学们，文章美吗？

生（异口同声、大声地）：美！

师：想不想纵情地诵读一次？

生（七嘴八舌）：想！想！

（台下响起了笑声。）

师：（指着一名学生）你想吗？

生：想！

师：（指着一名学生）你想吗？

生：想！

师：（指着一名学生）你呢？

生：想！

师：好！现在同学们就自由地诵读吧！

（学生纵情自由诵读全文，教师巡回指导。）

师：通过诵读，我们感受到陶渊明归去之后的生活美，（指多媒体上的问题）让我们思考：陶渊明为什么归去？归去之后过着怎样的生活？他产生了怎样的人生思考？请大家画出表明陶渊明归去原因的句子和表现他归去后生活情趣的句子，以及说明他归去后思考人生的句子。

（学生默读并思考。）

师：陶渊明为什么归去？请从第一段找出答案。

（教师板书：归去。）

生：首先是因为“田园将芜”，然后是因为“悟已往之不谏，知来者之可追，实迷途其未远，觉今是而昨非”，这些都是他要归去的原因。

师：结合具体句子来回答原因，方法很好。第一段中哪几个字最能揭示他归去的原因？

生：心为形役。

师：为什么？

生：他不想因为做官而劳累，他自己还是想过田园生活的。

师：因为做官对他来说是什么？

生：一种身心的劳累。

师：就是“心为形役”，很准确！

师：同学们知道他辞官归隐的直接原因吗？

生：好像是因为“不为五斗米折腰”。

师：谁能具体讲讲这个故事？

生：他在彭泽当县令的时候，上级来检查工作，他手下的人说应该“束带见之”，要穿戴整齐去见上级。他说自己不能为五斗米向乡里小人折腰。他不愿为填饱肚子而丧失人格，就辞官归去。

师：这位同学的课外知识丰富，真好！

（全班学生鼓掌。）

师：第一段写的是他辞官归去的原因，咱们写成“归去之因”。

（教师板书：之因。）

师：他归去后的生活怎样呢？从第二、三段来看。一个字，怎么说？

生：爽！

（全班学生笑出声来。）

师：“爽”是口语，用书面语怎么说？

生：闲！

师：写诗人闲逸的情致！如果说第一段写的是归去之因，那么第二段和第三段写的就是——

生：归去之情。

师：第二段写的是在哪里的归去之情？

生：回去之时。

师：只是写归途中的吗？

生：还有回家后的。

师：第三段呢？

生：写田园游玩的快乐。

师：就是写出游的快乐。

师：第二段和第三段写归去后的生活情感，我们写成“归去之情”。至于是什么情，我们等一会儿再具体研讨。

（教师板书：之情）

师：诗人归去后又产生了怎样的人生思考呢？答案在第四段。

生（插话）：人生感悟。

师：对，就是归去后的感悟，我们写成“归去之悟”。这部分内容也留待一会儿探讨。

（教师板书：之悟。）

师：陶渊明归去后的日子确实轻松、快乐，大家看第二段和第三段。让我们小组合作，请我左边纵排的同学从第二段中选择句子，右边纵排的同学从第三段中选择句子，按照我们分好的小组完成如下任务：第一，每组自由选择一个或几个词句，根据词句内容想象画面；第二，用形象而富有诗意的语言描述画面，展现陶渊明的某种生活情趣并写下来。时间限定在三分钟，看哪些小组的合作效率最高，开始！

（学生小组合作讨论、创作，气氛热烈。）

师：同学们，可以了吗？

生（齐）：不可以！

师：那再给大家一些时间！

（过了几分钟。）

师：同学们讨论得这么热烈，我实在不忍心打扰大家，但已经超时了。咱们刚才体会到了意境之美。现在请富有感情地诵读你最喜欢的句子，然后进行描述。哪一组先开始？

生：“或命巾车，或棹孤舟。”“我”有时驾着巾车，有时划着小舟。站在船上抬头遥望，船儿轻轻摇摆，轻风吹来，“我”的衣襟也随风飘扬。风吹松涛听天籁，舞动风铃美和谐，“我”的心情也随之变得愉快。

师：很有创意！

生："倚南窗以寄傲，审容膝之易安。"在秋天凉爽的天气中，靠着熟悉的南窗，望着飞鸟三五成群往南飞，"我"傲然自得，心像秋天的天空一样辽阔高远。寒舍虽小能避风雨，给予"我"心灵的温暖。

师：好不好，同学们？

生（齐）：好！

师：鼓励一下吧。

（学生鼓掌。）

师：他刚才想到了秋天。大家知道作者归去的时间吗？

（学生七嘴八舌地议论。）

师：是在乙巳年十一月，当时已是冬天了。刚才的同学能联想到秋天已经很接近了，因为它们的特点都是景物萧瑟。他从中体会到了一种美——"倚南窗以寄傲"的傲然自得之美。

生："舟遥遥以轻飏，风飘飘而吹衣。问征夫以前路，恨晨光之熹微。"一望无际的水面上，静静地荡漾着几点波纹，鱼儿在水中快乐地游动，船在缓缓地前进，微风吹动"我"身上的白衣，衣服随风招展，人与大自然和谐统一。

师：他说的哪一句最精彩？

生：人与大自然和谐统一。

生："云无心以出岫，鸟倦飞而知还。"日光黯淡，夕阳残照。"我"独自徘徊在寂静的小树林，独念天地悠悠，苍茫人世，吾生还有何求！

师：知识储备丰富，表达富有诗意，真棒！

生："景翳翳以将入，抚孤松而盘桓。"夕阳将落，阳光黯淡，留下一地余晖。我手抚孤寂的苍松，盘桓徘徊，留恋不去，沉寂在夕阳的余晖之中。

师：多么沧桑啊！徘徊在夕阳的余晖之中，那是一幅多么美丽的图画！

师：刚才我们体会到辞的意境之美。陶渊明归去之后，陶醉在田园生活的快乐中。他来到旷野，看到"木欣欣以向荣，泉涓涓而始流"，不由得心生感叹。他在感叹什么？

生（齐）：善万物之得时，感吾生之行休。

师：用自己的话来说。

生：感叹万物能够及时生长繁荣，而自己的一生却将要过去。

师：自然万物蓬勃生长，可是我的一生却将要结束了。陶渊明究竟准备怎样度过余生呢？请从第四段中寻找答案。

生：聊乘化以归尽，乐夫天命复奚疑？

师：这两句表明了他的人生观。咱们能不能找到课文中描绘的一些具体的理想人生图景？

生（激动地）：是“怀良辰以孤往，或植杖而耘耔。登东皋以呼（舒）啸，临清流而赋诗”这几句。

师：太激动。他读错了哪个字？

生（齐）：“舒啸”的“舒”字。

师：你们知道什么叫“怀良辰以孤往”吗？

生：就是爱惜美好的春光而独自出去。

师：他出去干什么呀？

生：游玩。

师：怎么游玩？

生：有时在田野里除草培苗，有时登上东边高高的山冈放声长歌，有时到涓涓的细流旁边作诗。

师：他在这里描绘了三幅图画。“或植杖而耘耔”是在哪儿劳动？这种劳动是一种怎样的生活状态？他的心情怎么样？

生：他很高兴。

师：（指着一名学生）你来“高兴”一次！用高兴的语气来读一下这句诗！

生：或植杖——而耘耔。

师：（问其他学生）同学们，你们觉得他高兴吗？

生（齐）：不高兴！

师：（面向刚才读的学生）再来一次！先面带微笑……

生：或植杖——而耘耔！

师：（问其他学生）同学们，你们觉得他高兴吗？

生（齐）：还不高兴！

（几名学生笑出声来。）

师：那怎么样才能高兴呢？“植杖”是什么意思？

生：拄着手杖。

师：仔细看书上的解释。

生：把手杖立在一旁。

师：把手杖立在一旁干什么呀？

生：把手杖放在一旁，自己除草。

师：让人感觉非常悠闲。“我”把手杖放在一旁，然后除草、培苗——很悠闲！你来“悠闲”一次，（指着一名学生）好吗？

（台下发出笑声。）

生（略带悠闲之味）：或植杖——而——耘耔！

师：（问其他学生）大家“看”到他的悠闲了吗？

生（纷纷）：没有！

（学生、教师笑成一片。）

师：还没有，（转向读的学生）看来还不够悠闲。我们来设想，这里不是课堂，而是美丽的田园，你就是陶渊明，你现在把手杖放在一边，拿起锄头，一会儿除草，一会儿培苗，（教师一边用缓慢的、陶醉的语气说，一边用两只手左右缓缓摆动，做除草、培苗的动作）或植杖——而耘——耔！

（台上台下气氛和谐，大家都发出了会意的笑声。）

生（完全进入了状态）：或——植杖——而耘——耔！

（响起了热烈的掌声。）

师：太陶醉了！这是一种悠闲的状态。

师：往下看，“登东皋以舒啸”是什么意思？

生：登上东边高高的山冈放声长啸。

师：关于“舒啸”，课本上解释为“放声长歌”，也有的书上将其解释为“放声大喊”。同学们，你们有没有“放声长啸”或者“放声大喊”的经历？

生：有！

生：没有！

师：（指名）你当时是在什么情况下“放声长啸”的？

生：我当时的心情非常压抑，想释放一下。

（几名学生笑了。）

师：那现在你就带着释放的感觉诵读这一句。

生（激动地）：登东皋——以——呼（舒）啸！

（笑声、掌声同时响起。）

师：太激动了，读错了一个字！别激动，再来！

生（纵情地）：登东皋——以——舒啸！

师：好不好？

生：好！

生：不好！

师：大家还不太满意！你应该把这个“舒”字彻底“舒”出去，登东皋——以——舒（气息充足、自由酣畅地）啸！

生：（完全进入角色，高昂着头，使出全力高声诵读）登东皋——以——舒——啸——！

师（充满激情地）：好不好？

生（齐）：好！

（全班学生鼓掌。）

师：大家体会到什么样的生命状态？

生：有活力！

生：有激情！

生：有生命力！

生：有一种“大河向东流”的感觉！

（有学生鼓掌。）

师：好，你来用这种感觉读一次。

生（纵情地）：登东皋——以舒——啸——！

（全班学生鼓掌。）

师（充满激情地）：好！这是一种生命勃发的自由状态。请大家带着这样的感觉再次诵读，体会陶渊明自由的情怀。

（教师板书：自由。）

师：再往下看，“临清流而赋诗”，你说说，（指着一名学生）这是一种什么状态？

生：一种悠然自得的状态。

师：（指着一名学生）你说呢？

生：悠然自得和惬意。

师：你也来“惬意”一次！

（笑声响起。）

生：临清流——而赋诗。

师：感到惬意吗，同学们？

生（齐）：没有！

师：假设现在这里不是会场，而是一条小河，你就是陶渊明，在这儿陶醉地赋诗。来，再来读一次！

生（语速较快）：临清流而赋诗。

生（语速较慢，较好）：临——清流——而——赋诗！

师：可以吗？同学们说说。

生：我来试试！先酝酿酝酿感情！（富有诗意地诵读）临清流——而——赋——诗！

（全班学生鼓掌。）

师：同学们，作品的语言确实很美。“我”一会儿悠闲地除草、培苗，一会儿登上山冈自由地放声长啸，一会儿宁静地在溪边赋诗，悠然自得！这里写了陶渊明生活的三种状态，都是自由的。我们来做个对比，“登东皋以舒啸”是非常释放的，而“临清流而赋诗”是非常宁静的。把这两句读一下。

（一名学生站起来，先清清嗓子咳嗽一声，台下笑声一片。）

师：你可以从前一句开始，这样可以酝酿一下感情。

生：不用了，就直接从这句开始读吧！（充满激情地）登东皋——以——舒——啸，（语气平缓）临清流——而——赋诗。

（全班学生报以热烈的掌声。）

师：可以吗？同学们说说。

生（齐）：可以！

师：咱们共同体会一下！

师：（高昂）登东皋——以——舒——啸，（低缓）临清流——而——赋诗。（学生欲鼓掌）一二，开始！

生（齐）：（高昂）登东皋——以——舒——啸，（低缓）临清流——而——赋诗。

（师生共同鼓掌。）

师：同学们的语感很强！刚才我们体会到的是生命的勃发和自由。当陶渊明陶醉在美丽的田园生活中时，他发出了“聊乘化以归尽，乐夫天命复奚疑”的感叹。什么叫“乐夫天命”？

生：安于命运。

师：安于什么样的命运？刚才我们体会过的！

生：顺应自然的规律。

师：他安于什么样的命运？或者可以说，他的追求是什么？

生：自由，过无忧无虑的田园生活。

师：也就是“乐夫天命”。你能够把这种感觉读出来吗？首先，你要面部含笑，满心快乐，然后读出这句话。

生（语言平淡地）：乐夫奚疑……乐夫天命——复奚疑？

（学生因紧张而读错，笑声响起。）

师：既然“乐”，就高兴地把这一句读出来。谁再来？

（学生跃跃欲试，但无人站起来。）

师：还是老师来吧！

（全班学生笑了。）

师：聊乘化——以——归尽，乐（语调高亢）——夫天命——复——奚疑？可以吗？

生（齐）：可以！

（掌声、笑声同时响起。）

师：陶渊明不愿“心为形役”，辞官归隐，乐居田园，生活自由快乐。我们体会了作品的意境之美、情感之美，可能对陶渊明也有了自己的看法和评价。请看大屏幕。（出示课件）请大家仿写句子，谈谈自己对陶渊明的评价。看例子：（边指边读）陶渊明，你是一棵孤傲的松，挺立于尘世之外。现在请大家开始仿写句子。

（学生仿写，教师巡回指导。）

生：你是一只前世的鸟，翱翔在异域天空。

生：你是一片青绿的叶，处身于花团之中。

生：你是一株傲霜的菊，绽放于红尘之外。

生：你是一只翱翔的鹰，盘旋在苍穹之中。

生：你是一轮明净的月，高挂在凡间之上。

生：你是一江清澈的水，长流于高山之巅。

师：同学们，无论是水也好，月也好，都是那样的清纯和美丽。老师也有自己的答案。

（古筝曲《归去来》响起。）

师（舒缓地）：陶渊明，你是一棵孤傲的松，挺立于尘世之外；你是一株隐逸的菊，开在宁静的东篱；你是一朵自由的云，飘在理想的天空；你是一只倦飞的鸟，飞回自然的山林。你是崇尚自然、追求个性的理想主义者，守护着自己心性自由的精神家园。

师：同学们，这篇课文美吗？

生（齐）：美！

师：想不想把它背下来？

生（齐）：想！

师：这就是咱们今天的课后作业。

（学生笑了。）

师：同学们，就在我们即将走出课堂、走向生活的时候，我想请大家静心思考：在当今社会，面对日益激烈的竞争，你是否给自己的个性发展留下了一些空间？面对世事的纷纷扰扰，你是否给自己的理想留下了一片天空？面对尘世的种种诱惑，你是否守护了自己的精神家园？我衷心祝愿在座的各位同学、各位老师在未来的人生之路上活出个性、活出心灵的自由！本节课就到这儿，下课！

生（齐）：老师再见！

师：同学们再见！

说　课

一、说教材

《归去来兮辞》是普通高中课程标准实验教科书人教版必修5第二单元的一篇课文，是陶渊明的代表作。这篇千古名赋，语句优美，文字飞扬，描写了优美的田园风光，表达了作者辞官归隐的喜悦心情和对自由、闲适田园生活的热爱。《归去来兮辞》所在单元的教学目标包括了解课文的思想内容，掌握有关的文言词语和句式，重视诵读和背诵。此外，当今的中学生对古典文学普遍缺乏深入学习的欲望，从理解上到情感上都有隔阂。因此，教师在教学时要尽可能地调动学生的学习兴趣，挖掘教材的生命内涵，引起学生心灵的共鸣。鉴于上述缘由，根据本文特点，我让学生在课前自主疏通文义，掌握重要的文言词语和句式，然后确立了本课的教学目标：（1）理清辞赋思路；（2）体会辞赋意境；（3）理解陶渊明的人生追求。教学重难点是对辞赋意境的体会，以及对陶渊明人生追求的理解。

二、说教法和学法

第一，本文是韵文，要体会其语言之美，培养学生敏锐的语感，可以采用诵读法。第二，本文是辞赋，要体会其意境之美，提升学生感受诗歌意境的能力，可以采用想象描述法。第三，本文文美意丰，要体会其情感之美，理解陶渊明的人生追求，可以采用小组合作探究法、写作感悟法。

三、说教学过程

教学过程分为七步。第一步：激情导入，渲染诗情画境。第二步：全文诵读，感受辞文之美。第三步：整体感知，理清辞文思路。第四步：描述画面，感受意境之美。第五步：诵读品味，感受情感之美。第六步：写句子，评价人物精神。第七步：布置作业，背诵全文。

四、说板书

之因
归去　之乐　自由
之思

板书中的关键词是“自由”，它最能体现陶渊明的人生追求，也正是学生最需要获得的精神。

五、说教学理念

我秉持着“生命语文”的教学理念进行教学。本节课开始时饱含激情而富有启示性的导入、优美而引人入胜的全文诵读、师生对“啸”所体现出来的“生命自由”的真切体悟，结束时对陶渊明诗意人生的评价、对学生未来生活的美好祝福等——这样富有生命内涵的教学设计，引领学生一步步走进文本，走进作者的心灵，走向生活。语文的核心包括语言、思维、情感、思想。课堂上，学生在听、说、读、写活动中，尽情地感受着优美的语言，提升着思维的能力，释放着生命的激情，精神始终处于一种勃发的状态。

评 课

河南教育学院教授蔡明的评价：

这节课主要有三个特点。一是教学理念新，教学中以诵读法为主线，综合运用多种教法，让学生在听、说、读、写中对课程进行充分的感悟、分析、鉴赏，真正抓住了语文教学的“牛鼻子”。二是学生主体性发挥充分，师生关系融洽而和谐。教师的语言富有魅力，引导恰当，师生间突破了传统课堂上泾渭分明的角色界限，师生的交流更像朋友间的对话，师生共同探讨，其乐融融，共享学习的快乐。三是教师自身素质高。王老师科学的设计、出色的诵读、极强的亲和力、机智的应变力等，都是教学成功的重要因素。

河南省商丘市民权县高级中学陈善良老师的评价：

王老师幽默、风趣，其课堂教学将知识性、趣味性融为一体，充分调动了学生的积极性。整个教学环节非常流畅，课程的导入、配乐的诵读、意境的体会、语言的描述、思想的启迪，都融入了一个“情”字，真正把语文教学的核心——语言学习放到了首位。他是在真正地授课，而不是“演课”，应该引起我们对古诗文教学的思考和探索。

湖北省天门中学焦作博爱分校焦海苗老师的评价：

教师在讲授过程中非常投入，朗读时感情到位，引导学生朗读也比较成功，学生仿佛沉浸在陶渊明当时所处的那种情境当中。教师那富有激情与感染力的语言总能激起学生的学习兴趣，让学生想读、愿读、爱读，所以才会获得阵阵掌声。

河南省新郑市第三中学贾会彬老师的评价：

课堂上，王老师指导学生诵读“或植杖而耘耔”“登东皋以舒啸，临清流而赋诗”等句子，这些片段给所有听课老师留下了深刻的印象，堪称诵读指导的经典。王老师先让学生品味句子中蕴含的情感，然后在学生诵读完后进行指导，并对“登东皋以舒啸”进行范读，最后再次让学生品味和感悟。他通过各种方法来指导学生诵读，使学生在诵读中感受到了作者的情，感受到了语文的美。此环节中，学生的学习兴趣被彻底调动起来，课堂呈现出非常和谐的局面，老师们也听得如痴如醉。这一切，都与王老师善于引导学生诵读密不可分。

河南省开封市杞县第一高级中学陈卫勇老师的评价：

王老师执教的《归去来兮辞》一课，可作为语文教学的一个反思标志。王老师突破了传统语文教学中单纯地为让学生求知而学习的模式，侧重引导学生体会和感受作者的思想。课堂上的纵情诵读，会让人忘却一切压力和世俗的束缚，进入陶渊明为我们营造的彻底放松的精神家园里去。

走进人物和作者的精神世界

——《记念刘和珍君》教学实录及说课

教学实录

一、导语与解题

师：上课！同学们好！

生（齐）：老师好！

（教师板书：鲁迅。）

师（饱含深情地）：同学们，本节课我们将跟随鲁迅走进这样特殊的一天：这一天，天空布满阴霾；这一天，天安门广场上血流成河；这一天，40多位青年罹难，九州同悲；这一天，被鲁迅称为“民国以来最黑暗的一天”，所有的华夏儿女都为之痛心疾首；这一天，就是1926年3月18日，一个需要我们永远铭记的日子。今天，我们学习鲁迅的作品《记念刘和珍君》，共同缅怀“三一八”惨案中牺牲的人们。

（教师板书：记念刘和珍君。）

师：题目包含哪两个信息？

生：记念与刘和珍。

师：“记念”表明情感，“刘和珍”是人物。这个“记”字与今天的“纪”字意思一样，这是鲁迅那个时代的特殊写法。标题中为什么要加个“君”字呢？

生：显示鲁迅对刘和珍的尊敬。

师：一个学生得到了老师的尊敬，这里面一定有非常特殊的原因。

二、认识：刘和珍

师：我们从题目入手来学习这篇文章。先来认识刘和珍。同学们课前已经做了预习，你们觉得刘和珍是个什么样的人？

生：她是个爱国、善良、有远见、追求思想进步的青年。

生：她不畏强暴，富有反抗精神。

（教师出示课件，学生认真观看。）

师：刘和珍当时是因为怎样的历史事件而牺牲的？请大家自由朗读注释①。

生：（自由朗读27页注释①）1926年3月，奉系军阀在日本帝国主义支持下进兵关内，冯玉祥率领的国民军同奉军作战。日本帝国主义公开援助奉军，派军舰驶入大沽口，炮击国民军。国民军开炮还击。日本帝国主义纠合英、美、法、意、荷、比、西等国驻北京公使，借口维护八国联军入侵时与清政府签订的《辛丑条约》，提出种种无理条件，并且在天津附近集结各国军队，准备武力进攻。3月18日，北京人民为了反对帝国主义侵犯我国主权，在天安门前集会抗议，会后到执政府前请愿。段祺瑞竟命令卫兵向请愿群众开枪，并用大刀铁棍追打砍杀，打死打伤二百余人，制造了屠杀爱国民众的“三一八”惨案。刘和珍等都是在当时遇害的。刘和珍，江西南昌人，北京女子师范大学英文系学生，学生自治会主席，遇害时年仅22岁。

（教师课件出示：抗议、对峙、牺牲。）

师：刘和珍牺牲的时候只有22岁。现在让我们通过一组照片来回顾一下当时的历史。（指照片）这是北京民众3月18日在天安门前集会抗议。（指照片）这是惨案发生前爱国民众与卫兵对峙。（指照片）这是惨案发生后刘和珍的遗容。

师：刘和珍究竟是个怎样的人？何以让鲁迅先生如此尊敬？文中有许多直接描写刘和珍的词句，把这些词句摘录下来，连起来就是一首诗。老师创作了诗歌的前两节，内容来自于文章的第一部分和第三部分。

教师出示课件，内容如下：

刘和珍君
你，只有22岁
却是为了中国而死的
中国的青年
你，生前爱看鲁迅先生的文章
生活艰难
却毅然预定了全年的《莽原》

师：请齐读。

生（齐读）：刘和珍君……却毅然预定了全年的《莽原》。

师：我们在有感情地朗读诗歌后，还要对人物的精神品质做出评价。如第一节中，两个“中国”显示了刘和珍为中国献身的精神；第二节中，一个“毅然”显示了刘和珍预定《莽原》时的坚毅，显示了她追求进步、追求真理的精神。

（教师出示课件。）

师：下面我们进行小组合作，摘录文中的词语或句子，续写诗歌。之后，请大家按要求活动：第一，有感情地朗读诗句；第二，抓住关键词语，说说诗句体现了刘和珍怎样的精神品质。前两组同学从文章的第一部分到第三部分中摘录词句续写诗歌，后两组同学从文章的第四部分到第七部分中摘录词句续写诗歌。

（学生分组合作，续写诗歌。）

师：现在我们来分享学习成果。先有感情地朗读诗句，然后抓住关键词，对刘和珍的精神品质进行评价。

生：我续写的诗句是“你不为势利所屈，敢于反抗黑暗；你的微笑，你的温和，是黑暗社会中一缕永恒的曙光”。其中，“不为势利所屈，敢于反抗黑暗”体现了刘和珍的无惧无畏和坚强；对常人的“微笑”“温和”，对反动政府的桀骜不驯，体现了她的爱憎分明，“微笑”也体现了她的乐观。

师：（对其他学生）刚才他把刘和珍比成什么？

生：曙光。

师：非常形象，大家给他鼓掌！

（学生鼓掌。）

生：我续写的诗句是“你虽然只是一个学生，却不为势利所屈，反抗一广有羽翼的校长；你常常微笑着，却在虑及母校前途时，黯然至于泣下”。其中，“不为势利所屈，反抗一广有羽翼的校长”表现了刘和珍不畏强权和有主见；“却在虑及母校前途时，黯然至于泣下”表现了她有远见和关心母校的前途。

师：能紧扣词语进行分析，非常好。

生：我续写的诗句是“你，刘和珍君，祖国主权遭侵，你欣然前往请愿。枪林弹雨中，你殒身不恤，足以表现中国女子的勇毅”。其中，“祖国主权遭侵，你欣然前往请愿”表现了她的毅然决然，以及对祖国的挚爱；“枪林弹雨中，你殒身不恤”表现了她的无畏。

生：我续写的诗句是“怎会想到，当局者竟是如此凶残；一重又一重的阴谋诡计，压抑着中华儿女，一压便是数千年。刘和珍君呵，你这个新时代的中国女青年，是那么的干练。怎晓得，你的临难，竟是如此的简单，简单呵，又怎不让我们一次又一次为你感叹”。“怎会想到，当局者竟是如此凶残；一重又一重的阴谋诡计，压抑着中华儿女，一压便是数千年”说明了当局者的暴虐，他们对人民凶残地压制和打击。这样的背景，也从侧面说明了刘和珍是追求进步、敢于为国牺牲的新时代的女青年，突出了她干练的品质。“怎晓得，你的临难，竟是如此的简单，简单呵，又怎不让我们一次又一次为你感叹。”刘和珍请愿时在执政府门前被枪杀，事件非常简单，而这种简单让我们感到悲愤。政府本该为人民服务，但就在刘和珍代表人民请愿的时候，却死在执政府门前，衬托出她死得悲壮。

师：他从词句说到背景，说到刘和珍是新时代的女性，这样的联系方法很好，谈得很深入。

（教师出示课件，学生观看。）

师：大家刚才都表达了自己多元的理解，老师也续写了诗歌。《记念刘和珍君》真是一字一泪，是用血泪写出了心坎里的“同声一哭”。现在请一位同学朗读老师续写的诗歌。让我们像鲁迅一样，面对刘和珍君，表达我们的悲痛与尊敬！

学生配乐朗诵，内容如下：

刘和珍君
你，只有22岁
却是为了中国而死的
中国的青年
你，生前爱看鲁迅先生的文章
生活艰难
却毅然预定了全年的《莽原》
你，虽然只是一个学生
却不为势利所屈
敢于反抗一个
迫害进步学生的校长
你，常常微笑着
态度温和
如花朵一样美丽善良
你，虑及母校前途
黯然至于泣下
你，为了国家主权
欣然前去请愿
但善良的你
怎会料到有这样的罗网
你竟在枪弹攒射中倒下了
倒在了执政府的门前
倒在了卫兵的枪口下
倒在了卫兵的棍棒下

倒在了“同胞”的手中

你只有22岁

但你的殒身不恤，果敢勇毅

必将长传千古，永存人间

（读完之后，学生仍深深地沉浸于情境之中。）

师：同学们，刘和珍就是这样一个态度温和、追求进步的人；一个敢于抗争、为国献身的英雄。（板书：为国献身）

三、体味：记念情

（教师出示课件，学生认真观看。）

师：面对为民族献身的刘和珍，不同的人表现了不同的态度。鲁迅先生表达了自己的悲痛及对其的尊敬，也表达了对刘和珍勇毅精神的赞颂。但是，他也对爱国民众提出了一些告诫。是一些怎样的告诫呢？

生：答案在课本30页第六部分。（深情朗读）“时间永是流驶，街市依旧太平，有限的几个生命，在中国是不算什么的，至多，不过供无恶意的闲人以饭后的谈资，或者给有恶意的闲人作‘流言’的种子。至于此外的深的意义，我总觉得很寥寥，因为这实在不过是徒手的请愿。”从这里可以看出，鲁迅是在告诫人们：为了积聚革命的力量，要以有限的代价去换取更大的胜利。他并不主张采用向反动派请愿这种方式。

师：因为这样会造成——

生：不必要的牺牲。

师：这个内容课下注释有，咱们理解时一定要注意联系注释中的内容。

（教师出示课件。）

师：咱们现在来看看另外几种人。当时社会上还有庸人，又被称为“无恶意的闲人”；“段祺瑞执政府”，算一种势力；所谓的学者文人，又被称为“有恶意的闲人”。他们对为民族献身的刘和珍，分别表现出怎样的态度？而鲁迅对这三种人又表现出怎样的态度？下面咱们进行小组讨论。

（学生进行小组讨论，教师巡回指导。）

师：庸人对为民族献身的刘和珍是什么样的态度？而鲁迅对庸人又是什么样的态度？

生：文章第六部分的“有限的几个生命，在中国是不算什么的，至多，不过供无恶意的闲人以饭后的谈资”，说明当时的庸人对爱国青年的死是麻木的，他们把它当作一种笑料——茶余饭后的谈资，供自己消遣娱乐而已。

生：我做一下补充。在第二部分，“然而造化又常常为庸人设计，以时间的流驶，来洗涤旧迹，仅使留下淡红的血色和微漠的悲哀”；“离三月十八日也已有两星期，忘却的救主快要降临了罢，我正有写一点东西的必要了”。“忘却的救主快要降临了罢”说明这些庸人刚过了两个星期就快要忘了这件事了，庸人对残害爱国青年的事处于旁观者的位置，作者对庸人麻木不仁的态度感到非常痛心。

师：所以他写这篇文章是要干什么？

生：缅怀刘和珍，唤醒人们。

师：要让大家记住，不要忘记。

师：段祺瑞执政府和所谓的学者文人对刘和珍是什么态度？鲁迅对他们又各表现了怎样的态度？

生：第四部分中说，“但段政府就有令，说她们是‘暴徒’”。段政府认为，她们的死，是作为暴徒应有的惩罚，是罪有应得，甚至可以说，“刘和珍们”的死对他们来说是一件大快人心的事。第七部分中的“一是当局者竟会这样地凶残”，透露出“当局者”对爱国者的残害。

生：第四部分中说，“但接着就有流言，说她们是受人利用的”。所谓学者文人对刘和珍的态度是，认为她只是受人利用而已。鲁迅对这些人的态度是，“流言家竟至如此之下劣”，认为他们都很下劣、很阴险，为此感到非常愤慨。

生：第一部分中“而此后几个所谓学者文人的阴险的论调”，下面注释中说，“污蔑遇害的爱国学生‘莫名其妙’，‘没有审判力’”，说明鲁迅认为所谓的学者文人已成为反动政府的帮凶，成为黑暗的代表，这显示了鲁迅对他们的愤怒。他们已经失去了作为学者、作为文人的那种最基本的道德和素质。

师：他们不是正义的学者文人，而是——

生：反动政府的帮凶、走狗。

师：大家把这个注释中的文字读一下。

生（齐读）：几个所谓学者文人指陈西滢等。陈西滢在1926年3月27日出版的《现代评论》上发表一篇评论“三一八”惨案的《闲话》，污蔑遇害的爱国学生“莫名其妙”，“没有审判力”，因而盲目地被人引入“死地”，并且把杀人责任推到他所说的“民众领袖”身上，说他们“犯了故意引人去死地的嫌疑”。鲁迅在《死地》一文中说：“但各种评论中，我觉得有一些比刀枪更可以惊心动魄者在。这就是几个论客，以为学生们本不应当自蹈死地，前去送死的。”

师：他们的流言包括两点。第一，说杀人的责任在于“民众领袖”。第二，送死的是遇害学生自己。杀人者是他人，送死者是遇害学生，与他们无关。鲁迅所说的“我觉得有一些比刀枪更可以惊心动魄者在”中的“刀枪”指什么？

生：残暴的屠杀。

师：流言比这种屠杀更可怕吗？

生：是的。因为这是从思想上对中国民众的控制。

师：怎么控制？

生：散布流言说遇害的学生是受人利用的，这样一来，本来就愚昧的人民会更加愚昧。

生：“刀枪”是对人身体的伤害，而“流言”是对人心灵的伤害。遇害学生的爱国行为在他们看来是一种自己去送死的行为。这是对她们精神的极大侮辱。

师：也是对广大不明真相的民众的——

生：欺骗。

师：鲁迅复杂的情感都集中体现在第四部分。我们看第四部分，请齐读从“然而即日证明是事实了”到“就在沉默中灭亡”这部分内容。

（学生齐读课文。）

师：“惨象”指什么人制造的什么样的“惨象”？

生：段祺瑞反动政府杀害爱国青年，让她们在天安门广场喋血的场景。

师：非常惨烈。当鲁迅说到这里的时候，内心充满了什么样的情感？

生：对反动政府的行为感到非常愤怒，对爱国学生悲惨地死去感到非常痛心。

师：请你融入“愤怒”和“悲痛”的感情，读一下这个句子。

生（朗读）：惨象，已使我目不忍视了；流言，尤使我耳不忍闻。

师：“目不忍视了”怎么读，才能把心中的压抑感情读出来？

生（有感情地朗读）：惨象，已使我目不忍视了；流言，尤使我耳不忍闻。

师：是什么人制造的什么样的“流言”？

生：是“所谓学者文人的阴险的论调”。

师：什么样“阴险的论调”？

生：她们是受人利用的，是自己去送死的。

师：这饱含了鲁迅先生哪些情感？

生：对这些无耻流言家的愤恨之情。

师：请你带着这种愤恨之情去读句子。

生（有感情地朗读）：流言，尤使我耳不忍闻。

师：刚才她突出了一个字——

生：尤。

师：一个“尤”字，强烈地表达出作者对流言家的愤慨。反动势力就是这样：一是用武力进行屠杀；一是用流言污蔑，用思想来统治。他们借助这样的统治制造了一个“非人间”的令人压抑的世界，在这样的世界里生活，老百姓只能是“默无声息”，敢怒不敢言。所以作者接着写道：“我还有什么话可说呢？我懂得衰亡民族之所以默无声息的缘由了。

沉默呵，沉默呵！不在沉默中爆发，就在沉默中灭亡。”连用两个“沉默”，显示了作者处于“非人间”世界中的那种什么样的心情？

生：压抑。

师：大家带着压抑的情感来读这两句。

生（有感情地齐读）：沉默呵，沉默呵！不在沉默中爆发，就在沉默中灭亡。

师：在什么样的“沉默”中必然爆发？在什么样的“沉默”中必然灭亡？

生：在愤怒的沉默中爆发，在麻木的沉默中灭亡。“在愤怒的沉默中爆发”指当时的人民被政府压迫到了极限的反抗，带着愤怒；“在麻木的沉默中灭亡”指人民在压迫中继续麻木下去，不知道反抗。

师：在清醒认识、力量积聚的“沉默”中必然爆发；在淡忘、麻木、不争的“沉默”中必然灭亡。鲁迅面对“非人间”的世界没有沉默，他一方面为烈士的牺牲而悲痛，一方面为反动派的暴行而愤怒，更为流言家的污蔑而愤慨，向这“非人间”的世界发出了声声呐喊。我们继续看第四部分。

师（范读）：然而即日证明是事实了，作证的便是她自己的尸骸。还有一具，是杨德群君的。而且又证明着这不但是杀害，简直是虐杀，因为身体上还有棍棒的伤痕。但段政府就有令，说她们是“暴徒”！但接着就有流言，说她们是受人利用的。惨象，已使我目不忍视了；流言，尤使我耳不忍闻。我还有什么话可说呢？我懂得衰亡民族之所以默无声息的缘由了。沉默呵，沉默呵！不在沉默中爆发，就在沉默中灭亡。

师：同学们，让我们带着悲愤的心情来读这些文字。

（学生投入情感，自由诵读。）

师：现在我们再读这段话。请一位同学从“然而”读到“是受人利用的”，其他同学接着读后面的内容。

（学生再次有感情地诵读课文，群情激奋。）

师：在这“非人间”的世界里，鲁迅没有沉默，他以文化战士的思想与笔锋进行战斗。在惨案发生后的一个多月时间内，他写下《记念刘和珍君》《可惨与可笑》《空谈》等一系列文章，向这“非人间”的世界发出了声声呐喊。他要带领大家“更奋然而前行”。

四、思考：民族魂

(教师出示课件。)

师：请大家思考一下，刘和珍与鲁迅在精神上有什么相同之处？

生：他们都忧国忧民，敢于反抗，渴求进步和新思想，勇于承担重任。

(教师板书：勇担重任。)

生：他们不仅忧国忧民，而且可以为了祖国殒身不恤，为中国的革命事业摇旗呐喊。他们是那个时代、那个黑暗中国的希望，是中国的民族之魂。

师：郁达夫说，一个没有英雄的民族是可悲的民族，一个有了英雄而不知道崇敬、爱戴的民族，是没有希望的奴隶之邦。刘和珍为国献身，鲁迅勇担重任，他们都是我们中华民族的脊梁，都是我们中国的民族之魂！

(教师板书：民族魂。)

师：事实上，任何一个民族都需要这样的人，我们应该永远崇敬、爱戴他们，甚至成为他们那样的人，只有这样，我们的民族才更有希望。

五、感言与结语

师：同学们，这节课就要结束了，现在请用一句话概括你学习本课的最大感受。

生：真的猛士，敢于面对一切，敢于为了中国的独立而殒身不恤。

生：麻木的心灵布满沉闷，阴险的心灵布满阴影，唯有反抗的心灵充满阳光。

(学生鼓掌。)

师：说得好在哪里？

生：用了排比和对比。

师：我觉得最后一个词用得最好，那就是——

生：阳光。

生：我们21世纪的青年也要勇担重任，为国家、为民族奋斗不息。

师：联系到我们自己，很好。

生：谁说女子不如男，女子也可以撑起民族的蓝天。

（学生热烈鼓掌。）

生：读鲁迅的文章，深入进去你会发现，每一次都将是生命的洗礼。

师：你从中受到什么洗礼？

生：是革命的热情。鲁迅为当时的社会民众摇旗呐喊，让每个处于麻木状态中的蒙昧的人清醒起来。

师：它震撼了人的心灵。

生：鲁迅的语言入木三分，像一把锋利的钢刀，直刺黑暗社会的胸膛。

师：她用比喻阐释了鲁迅文章强烈的批判性。

生：逝者安息，生者勉励！

师："逝者安息"就是刘和珍安息，而后来人要——

生（个别学生小声地）：继续从事革命事业。

师：继续前行。

（教师一边展示课件，一边引导学生。）

师：同学们，刚才大家从不同方面谈了自己的感受。我们这节课的结束也许是另外一种生活的开始。我们对鲁迅和刘和珍有了新的认识。让我们带着这种认识走向新的课堂，走向新的人生。请全体起立，我们来朗读这段话——（指课件）

生：（全体起立，充满激情地诵读）真的猛士，敢于直面惨淡的人生；真的猛士，敢于正视淋漓的鲜血；真的猛士，敢于承受哀痛与幸福；真的猛士，更奋然而前行。

师：同学们，我希望你们做新时代的真的猛士，向着未来社会"更奋然而前行"！下课！

生（齐）：老师再见！

师：同学们再见！

说 课

一、说教材

《记念刘和珍君》是普通高中课程标准实验教科书人教版必修1第三单元的散文，介绍了刘和珍追求进步、在“三一八”请愿中被枪杀的事件。面对刘和珍的牺牲，鲁迅十分悲痛，但当时的国民政府却污蔑她们是暴徒，反动文人指责她们是受人利用的，一些麻木的民众对此漠视，很快就忘却了，整个社会环境令人窒息。鲁迅愤怒控诉段祺瑞执政府的暴行，批判反动文人的无耻流言，指出我们的民族“不在沉默中爆发，就在沉默中灭亡”，要唤醒民众进行反抗。高一学生的理性认识不足，阅读复杂散文有一定难度。鲁迅的文章语言精练而富含哲理，但理解难度大。本文所在单元编选的文章都是写人记事散文，要求训练学生学会体察人物的个性情操，体会作者在叙事中体现的情感倾向。鉴于这样的学情、文本特点和单元目标，我制订了以下教学目标：（1）认识刘和珍爱国进步学生的形象；（2）体会鲁迅对刘和珍的纪念之情；（3）理解鲁迅复杂的爱憎情感和高度的民族责任感；（4）激发学生勇于担当的社会责任感。学习的重点和难点都是理解鲁迅复杂的感情。

二、说教法和学法

我在教学中主要采用情境描述法、诵读体会法、合作探究法等。第一，本文内容距离学生的生活较远，我通过使用描述性的导语、展示图片、让学生续写诗歌等方法，引领学生融入情感，进入情境，与人物和作者产生共鸣。第二，本文文字简约而情感复杂，我让学生在充分诵读中体会和揣摩作者的感情，走进人物和作者的心灵世界。第三，文章内容含义深刻，不易理解，我让学生采用合作探究法，在共同研讨中解决疑难，从而理解作品的深刻内涵。

三、说教学过程

本次教学共分为六个步骤。第一步：采用描述法导入，把学生的思绪带回特定的历史事件情境中。第二步：让学生看课文注释、有关历史图片等了解课文的写作背景，带领学生走进文本。第三步：摘录描写刘和珍的词句创作诗歌，让学生续写诗歌，激起学生的情感共鸣，引领学生走进刘和珍的心灵世界。第四步：研究重点段落和句子，体会作者的复杂情感。第五步：探究刘和珍与鲁迅在精神上的共通点——忧国忧民、坚守正义、勇担重任，撑起了民族的天空，是中华的脊梁和民族之魂。第六步：让学生用一句话谈谈学习本课的最大收获，齐读根据文中语句重新创作的警句，带着鲁迅的警示走出课堂，走向新的人生。

四、说板书

板书的关键词是勇担重任、为国献身、民族魂，突出刘和珍与鲁迅勇担重任、为国献身的“民族魂”精神，启示学生也要做民族之魂。

五、说教学理念

我在教学中秉持“生命语文”的教学理念。上课伊始，通过渲染情境、展示图片、介绍背景等方法，引领学生走进文本、走进事件、走进历史。课堂之中，让学生通过续写诗歌来思考鲁迅的复杂情感，探究刘和珍与鲁迅在精神上的相同处，引领学生走进人物和作者的心灵世界，走向对“民族魂”的思考。课将结束时，让学生畅谈学习后的感受，尽情释放激发出的生命激情。在课堂上，我通过富有生命力的教学方法、手段，引导学生与文本、人物、作者展开深度的生命对话，透过作品的文字，一步步回到历史现场，触摸人物和作者的心灵，沉淀思想，升华人格，提升生命的境界。

狂歌痛饮为谁雄

——《将进酒》说课稿

一、说教材

《将进酒》是人教版试验修订本第五册第五单元的诗歌。本单元主要学习李白和杜甫的诗歌，领会他们不同的艺术风格。《将进酒》是一首豪壮的劝酒诗，其背后蕴藏着波涛汹涌般的情感。诗歌既抒写了李白仕途失意后的愤激之情，又透露出他无比的自信，展现了李白豪放飘逸的诗风。学生以前接触过李白的许多诗歌。

鉴于这样的单元要求、文本特点和学情，我制订了如下教学目标：(1) 理解李白“狂歌痛饮”外表下的愤激之情；(2) 感受李白豪放飘逸的诗风；(3) 朗读并背诵诗歌。教学重点和难点在于理解李白的情感，感受其诗风。

二、说教法和学法

诗歌是语言的艺术，具有语言美、图画美、情感美等特点。所以教师要注重引导学生体会其语言美和图画美，培养学生敏锐的语感，引领学生走进诗歌的意境，可以采用语言揣摩法、诵读体会法、情境描述法；要注重引导学生体会其情感美，深刻理解李白的思想，可以采用合作探究法。

三、说教学过程

本课的教学过程分为七个步骤。

(一) 第一步：激情导入

导语要既能激发学生的兴趣，又能为进一步学习做好铺垫。我由余光中写李白的诗入手，进行情境式导入：余光中的《寻李白》中有“酒入豪肠，七分酿成了月光/余下的三分啸成剑气/绣口一吐，就半个盛唐”这样的诗句。酒在某种意义上已成了李白精神的寄托物，其诗风也因酒的参与而显得更为豪放与飘逸。今天我们学习《将进酒》，感悟李白诗中独特的情怀。（板书课题名和作者）

（二）第二步：整体感知

1. 解题。

解读诗歌可以从题目入手。我设计了这样的问题：题目是什么意思？李白在什么情况下劝谁喝酒？我让学生看课本中的注释，了解写作背景：李白被“赐金放还”之后，来到朋友元丹丘的家里，看到滚滚奔流的黄河，想起了自己的坎坷人生，心中涌起无限感慨，他便劝朋友饮酒，慷慨高歌。

2. 诵读。

我先充满激情地诵读全诗，把学生带入李白波涛汹涌般的情感世界，然后让学生带着豪迈之情诵读全诗，激发他们的学习热情。

（三）第三步：理解情感

1. 要理解诗歌中所包含的情感，就要教给学生解读诗歌的方法。我们可以从诗歌的外在形象入手，进而把握诗歌的内在情感。我设计了这样两个问题：

（1）李白劝朋友怎样饮酒？（板书：狂）

（2）酒宴上劝人饮酒都是有缘由的，李白为什么要与朋友这样“狂饮”？背后隐藏着怎样的情感？

我利用第二个问题引领学生阅读诗文，进行小组合作探究，走进诗人的情感世界。

（明确：“悲白发”——白发已生，功业未建；“天生我材必有用”——“必”字说明李白无比自信；“烹羊宰牛且为乐”——珍惜眼前，暂且为乐；“与尔同销万古愁”——愁绪满怀，壮志未酬。）

2. 诗中有很多典故，为指导学生抓住典故来理解作者所要表达的情感，我设计了这样的问题：圣贤很多，李白为什么只写了曹植？

（明确：两人都怀才不遇。曹植才高八斗，遭兄侄陷害排挤，抑郁不得志；李白乃盛唐“诗仙”，可皇帝并不重用他，而是让他做御用文人，权贵陷害他，他最终被“赐金放还”。）

我接着提问：两人都遭权贵陷害排挤，壮志未酬，心情怎样？

（明确：心情郁闷、愤激！）

（板书：愤。）

3. 诗中有看似矛盾的诗句，为指导学生抓住这些诗句体会作者的复杂情感，我设计了这样的问题：“钟鼓馔玉不足贵，但愿长醉不复醒”“天生我材必有用，千金散尽还复来”，这些诗句体现了李白怎样矛盾的情感？

（明确：“但愿长醉不复醒”——“但”字写出诗人内心对现实的极度失望。“天生我材必有用”——“必”字显示了诗人的自信。两句对比，可以看出他对权贵当道、壮志难酬的现实感到无比愤懑，于是就放纵狂饮，用酒精麻醉自己的心。他喝得越狂，表明心中越愤懑，但他始终不变的是——“天生我材必有用”的自信！）

（板书：自信。）

至此，学生对李白壮志难酬，只好借酒浇愁，但始终坚守自信的复杂情感有了深刻的认识。

（四）第四步：感受诗风

诗歌语言高度凝练，要揣摩其艺术风格，就要让学生充分展开想象，还原诗人创作诗歌时的情境，进入诗歌的意境中，然后在富有感情的诵读中感受诗风。例如，我这样引导学生揣摩“君不见，黄河之水天上来，奔流到海不复回”。

（1）这里描绘了怎样的景象？比喻什么？

（明确：黄河一泻千里，气势磅礴。比喻时光流逝，一去不返。）

（2）什么样的人才能看到如此宏大的景象？才能写出境界如此阔大的诗句？

（明确：只有胸怀天下、顶天立地的巨人才能看到、写出。他能把无限的时空凝为瞬间、一点，俯瞰大地上黄河奔流，顷刻间看完全程，放声诵读。这就是浪漫的“诗仙”——李白!)

(3) 既然是屹立于天地间的巨人，如果他要吟诵，声响会达到什么程度?

(明确：响彻天地，声震寰宇。)

告诉学生李白创作诗歌时展开了丰富的想象，要求学生也设想自己是屹立于天地间的巨人，瞬间看完黄河奔流的全程，以此来感受李白洋溢于字里行间的豪迈之气和对时光流逝的无限惋惜。(板书：豪迈)

(五) 第五步：当堂背诵

背诵是诗歌学习的重要内容，也是进一步体会诗风的重要手段。我要求全体学生当堂背诵第一段，要诵出李白狂歌痛饮中的愤激之情，诵出李白自信进取的人生呐喊，诵出他自由、自信的人生宣言。

(六) 第六步：畅谈感想

学生反复诵读诗歌后，情感被充分调动起来，就产生了表达的欲望。这时让学生畅所欲言，既可加深他们对诗歌内容和情感的认识，又可锻炼他们的写作能力和说话能力，更可实现他们情感和思想的升华。我让学生以《李白，我想对你说》为题写一段话，谈谈感想。

(七) 第七步：布置作业

语文学习的外延与生活相等，语文学习的方式可以是课后的研究与探索。高中生应该能通过一首诗歌整合相关资料，走进诗人，走进文化。因此，我布置了这样的作业：通过网络搜集有关李白的资料，写一篇关于李白的人格或者诗风的文章。

四、说板书设计

将进酒

李　白

自信

狂————愤

豪迈

“狂”是李白放荡不羁的外在形象，“愤”是李白无比愤懑的内在情感。他狂歌痛饮的外表下隐藏的是壮志难酬的愤懑之心，但他始终不变的是“天生我材必有用”的自信。诗如其人，正因其个性如此，所以他的诗才总是透出冲天的豪放之气，气贯千古，泽被万代！

五、说教学理念

我认为，语文是有生命的，它不是平铺的纸张，而是立体的精神；不是冰冷的文字，而是蕴含着作者火热情感的生命体。教学语文，就要探寻文本产生的根源，还原文本反映的时代与历史；教学语文，就要架起文本与学生心灵之间的桥梁，使学生真正走进作品，唤醒学生的生命情感，点燃学生的生命激情；教学语文，就要让学生在听、说、读、写活动中尽情释放生命的激情，沉淀思想，升华人格与精神境界。

本节课鲜明地体现了“生命语文”的教学理念。上课之始我的激情导入，课堂之中我与学生对全诗的投入诵读、对诗人愤激之情的研讨揣摩、对豪迈诗风的诵读体会，课堂快要结束时对李白的真切诉说等，都在引领学生走进文本，走进作者的心灵世界；都在唤醒、点燃、释放、升华着学生的生命激情。整堂课处处闪烁着“生命语文”的熠熠光辉。

时评文要教“评”的形式、“时”的内容

——《汉语，请别为我哭泣》文本教学内涵分析

【教学背景】

“生命语文”教学理念认为，语文不是孤立僵化的文本，而是活生生的生命体。文本的生命是言语的形式和精神的内容。教学语文，就要把文本中这两个最鲜活的元素挖掘出来。2012 年 12 月，我校孔佩霞老师参加深圳市高中语文议论文讲课大赛，在“时评语文”课题主持人马恩来老师的建议下，选择时评文章《汉语，请别为我哭泣》为参赛课文。我们在“生命语文”教学理念的指导下研课，认识到时评类文本的教学内涵：言语的形式——“评”的形式，精神的内容——“时”的内容。

【教学目标】

1. 学习“评”的形式：了解时评的基本特征，理解其基本结构，学会运用恰当的论证方法。

2. 学习“时”的内容：辨析“汉语存在危机”的观点，认识自我与社会的关系，培养人文关怀和社会责任感。

【教学流程】

一、了解时评特征

时评，就是对时事进行分析评论。时评文从功能看，属于新闻范畴；从文体看，属于议论文；从写法看，以评述为主。可以取材于新闻报道，对新闻事件和人物发表议论，也可以就“身边事”“心头事”发表意见。一般的写法是，根据具体事件，联系其产生的原因，探索其性质和意义，或通过对材料的分析，澄清事实，说明真相。文章结构由叙事和说理两部分组成。叙事简明扼要，说理态度鲜明，论证有说服力。叙事要根据说理需要，与所说之理有关。文章的主体部分是说理。说理的观点鲜明

而集中。写作时应注意以下方面：观点集中，题目醒目，多搜材料，注意文采。字数最好控制在1000字左右，行文应脉络清晰。

二、研读时评结构

1. 概括主要内容。

（1）提问：请用8句话概括《汉语，请别为我哭泣》的主要内容。

① 最近，一则关于汉语的消息（上海翻译赛一等奖空缺，新加坡人获二等奖）让人百感交集。

② 这则消息让人隐约看到（古老优雅的）汉语的处境。

③ 应当承认，在经济全球化的背景下，外语教学十分重要，但这并不意味着我们可以放弃母语，消解母语，不意味着我们可以将使用汉语视为不学自能的天赋。

④ 在我们这个时代，该如何守护绵延着几千年文化命脉、最切近我们心灵的母语？

⑤ 发人深思的是，当汉语在故乡受到冷落时，全球“汉语热”却在持续升温。

⑥ 倘若“汉语危机”的呼声一直不断，我们又怎能尽展欢颜？

⑦ 汉语引领我们这个五千年文明古国一路风霜走到如今，它会在我们这一代人手中向何处去？

⑧ 汉语，请别让我为你哭泣！

（2）总结：从8句话中可以看出，文本脉络清晰。

2. 理清文章的基本结构。

第一层（1～3段）引述新闻，交代评论缘由：讲述上海翻译大赛中国选手输给了外国选手的消息，引出评论的对象——汉语的处境。

第二层（4～10段）分析材料，进行时事剖析：分析汉语面临的危机。突出提高汉语修养和汉语水平的重要性，呼吁人们重视母语的学习。

第三层（第11段）得出结论，总结时评观点：以一个饱含深情的句子结束全文，对汉语的处境寄予殷切的期望。

三、学习时评方法

教师要求学生找出文章中使用了哪些论证方法。可以让他们按照如下要求逐层分析：找到具体句段—指出运用的论证方法—分析使用效果。

（1）辩证分析：第 4 段、第 5 段、第 6 段。

（2）举例论证：第 5 段“托福高分中文差”现象。

（3）引用论证：第 6 段“余光中……”。

（4）比较论证：第 7 段中，古语的文雅与生活用语的粗俗的对比；第 8 段中，汉语在故乡面临危机与全球“汉语热”的对比；第 9 段中，汉语与希腊文、拉丁文的对比。

（5）假设论证：第 7 段中“试想……”，第 9 段中“纵然……”。

四、辨析时评观点

1. 新闻链接。

日前，一场关于“《现代汉语词典》（第 6 版）该不该收录以西文字母开头的词语条目”的争议引起了全社会的关注。中国社科院研究员李敏生等学者举报新修订的《现代汉语词典》（第 6 版）收录 239 个以西文字母开头的词语，违反了《国家通用语言文字法》，提出要“保卫汉语”；《现代汉语词典》（第 6 版）修订主持人江蓝生则认为字母词的产生有其合理性，汉语应该有更大的包容性。

请结合以上材料谈谈，汉语是否面临着危机呢？把你对“汉语危机论”的看法写下来，使用两种论证方法。

2. 材料补充。

材料一：《傅振国：英语深度侵入汉语事关文化安全》

当前，英语正以一种强悍的姿态侵入汉语，其速度可谓惊人。现在中国知识分子反思自己，都会大吃一惊地发现：我们的语言习惯甚至思维习惯已经有一部分变成英语文化了。倘若不重视英语侵入汉语的问题，再不采取有力措施制止汉英混杂的蔓延，若干年后，汉语将变成汉英混杂、不汉不英的语言；单纯的汉语将不再是单独能够表情达意的语言体系。汉语、汉字正遭遇严峻挑战，面临深刻危机。要保护汉语的纯洁，打好“汉语保卫战”。

材料二：《汉语在中国咋成了第二阶级语言?》

随着国际交往步伐的加快，英语固然是国际交往中的一种重要语言工具，然而不管社会怎样发展，国际交往怎样频繁，汉语绝不能丢，因为汉语是根植于我们民族灵魂里的文化符号，对我们而言，它不仅是一种表达工具，还承载着我们传承文明的使命。重视我们的语言，就是重视我们的文化。

材料三：《汉语不存在危机，国民需要语言教育》

“汉语危机”是危言耸听。时代在飞速发展，汉语也不可能脱离于时代而不受影响。我们有能力让外国人学习我们的语言，也要宽容外国语言进入我们的生活，这样不但可以促进语言词汇的革新，还可以丰富人们的语言生活。这本身就是一种语言内涵与表现的延展，是文化繁荣的表现。我们更应当为自己悠久而独特的母语感到自豪，要用发展的眼光去保护汉语，不应采取简单的“禁止”“抵制”这类“一刀切”的做法。我们应该立下一个伟大的志向：让我们的汉语像英语那样走向世界。

教师要求学生先阅读材料，然后以“汉语是否存在危机”为主题进行辩论。学生辩论结束后，教师要点出时评的价值与意义，并由汉语的危机谈到对传统文化的继承与发扬，谈到汉语对中华民族发展的重大意义等。

五、总结时评视角

要创作一篇好的时评文，除了技巧的运用，还需要我们——

看天下，读新闻，拥有一双火眼金睛。

揭黑幕，曝隐情，彰显一副侠肝义胆。

评时事，论苍生，练就一支生花妙笔。

六、练习时评写作

1. 布置作业。

针对以下事件，写一段评论。要求至少运用一种论证方法。材料内容如下：

在由《新京报》推出的2009年“中国最美50人评选”活动中，李宇春以近25万张网上选票名列第三名。关于“李宇春究竟美不美”这个问题，人们产生了极大的争议，并引发了一场关于“美的标准”的讨论。你认为“中性化”美不美？为什么？

2. 孔佩霞老师的示例。

(1)“中性化”有特点，但谈不上美。姑且把世上的女人比作玫瑰，男人比作白菜。玫瑰不要和白菜比重量，白菜也不要和玫瑰比芳香。因为无论是散发着玫瑰芬芳的白菜，抑或是长着白菜外形的玫瑰，都是畸形的形态，都不和谐。不要让男人、女人、“李宇春”这样的并列逻辑再在生活中蔓延了。(比喻论证)

(2)“中性化”也是一种美，是另类的美。只要掌握好一个“度”，女孩在打扮上少一些柔美、娇俏，多一些干练、帅气，性格上多一些刚强、坚毅，取人之长，补己之短，有何不可？况且，中性化并不是这个时代的产物，在古代，中性美的现象也是存在的。花木兰、穆桂英、武则天等，无不展示着女性身上的男性气概，表现了女性的巾帼之美。(辩证分析、举例论证)

3. 名师建议。

程少堂老师的建议：

第一，教师要具有开放的视野和心态，这样才能打开学生的视野和心胸。上课开始时可以歌曲《阿根廷，我为你哭泣》引入，引发学生对“我为汉语哭泣”原因的思考。对汉语使用现状适当担心一下可以，可如果过分担心就是杞人忧天了。古老的汉语历经五千年至今依然存在，生命力是极其顽强的。认为汉语随便被冲击一下就会消亡，就太看轻我们民族的语言了。不要仅仅拘泥于文本之内，而应该有文化大视野，有开放、辩证的大思维。只有教师开放思维，才能培养学生的创新思维。第二，要理清这类文章的脉络，就应抓住文章中的“然而”“应当承认”“发人深思的是”等表示转折关系的词语。第三，要找出文章中的问题，如文章中提到“一方面”，却没有“另一方面”相照应，培养学生敢于质疑的精神。

马恩来老师的建议：

教学时可将时评的结构与新材料作文的结构进行对比：时评的结构为“引（新闻由头）—析（评议）—结”；新材料作文的结构为“引（材料）—议（提炼观点）—联（生发开去）—结”。时评是就事论事，一事一议；新材料作文要联系相关内容生发开去。

秦建新老师的建议：

教学时可以在把握文本上多下功夫：阅读—分段—学习论证方法—仿写—展示。建议在“分段”环节引导学生结合练习深入把握文本。另外，从文本后面的练习来看，本文的教学重点不在于让学生学习论证方法，而在于让学生了解时评的准确与严谨。练习一、练习二是对文本主旨的理解，练习三、练习四是训练学生了解时评的准确与严谨，所以，后面的仿写应该侧重于训练学生了解时评的准确与严谨。

七、课程结语

这节课要突出时评文的教学内涵：“评”的形式，“时”的内容。教学中既有明确的文体意识（“评”的形式）——了解时评的基本特征，理清文章的基本结构，运用时评的论证方法，总结时评视角；又有深层的思想意义（“时”的内容）——辨析“汉语存在危机”的观点，认识自我与社会的关系，培养人文关怀和社会责任感。将二者结合起来的方式是让学生练习时评写作，以便学生在“人文性”和“工具性”两方面都得到提升，充分彰显出“时评语文”“生命语文”走进文本、体验生活、指点江山、升华生命的特色！

“望月” 何以 “怀远”

——对感怀文化现象的思考

“望月怀远”是中秋节永恒的情感主题。那么，为什么“望月”就容易“怀远”呢？

2013年农历八月十四日，我们班上了“中秋”主题课程。课堂上，我们学习了有关中秋的诗歌及其他相关知识，明白了人们触景生情的原因：“此人”在“此地”“此境”中才会产生“此情”“此思”，而在其他情境中就很难产生这种情感。我给学生展示了自己从河南调到深圳任教时在火车上写的博文《一路情深：分别情正长》中的文字：“春光美，柳儿绿/列车南驰，心向北方/一路绿野茫茫/一颗挚爱的心飘荡”；展示了自己来深圳不久晚上想家醒来时所写的文字：“又想家了，半夜醒来，看表，凌晨四点。回忆做的梦，梦见了故乡四月的梧桐花明亮地开放，我的老同学挺秀指着我笑嘻嘻地说‘你少年时眉宇之间还真是英气逼人呢！’”下课后，一个学生告诉我，她被感动得要掉眼泪了，因为她的家也在北方，她从老家回来的时候都哭了。这其实是一种情感的共鸣！

其实，古今表达情感的诗歌本质都是相同的：“这样的人”在“这样的情境”中就会产生“这样的情感”。比如，中秋的月亮就是触发人们思念之情的景物。

比如，李白的诗歌《静夜思》。在这里，我们不妨先探讨一下诗人“望月”之时的联想。为什么李白当时疑月光是“地上霜”，而不是别的东西？这里面可能有两个原因：一是月光是白亮亮的，类似霜的颜色和质地，二者具有相似点；二是北方的秋天有霜，而且霜是寒凉的，正契合李白思乡的悲凉心绪。可以说，既有客观存在事物与所想之物在形体上的相似点，又有主观上思乡的悲凉心情——“霜”这个意象正是主观与客观的融合体。

这自然让我们联想到杜甫的“露从今夜白”。为什么是“露”而不是别的东西？这与李白的“疑是地上霜”既有相似之处，即都是主客观融合的产物，又有一些不同。“霜”似乎更寒凉，甚至有“冰”的感觉，因为它是介于结晶的液体与固体之间的一种状态，具有肃杀万物的力量，自然让人觉得更加厚实沉重；而“露”则是一种液体，给人晶莹剔透的感觉，让人觉得只是微微的寒凉而已。因为杜甫的思乡是“戍鼓断人行，边秋一雁声。露从今夜白，月是故乡明”，他的情感不是那么的猛烈，他的性格总是那样多愁善感，又缠缠绵绵、丝丝缕缕，给人以幽怨的感觉。即便是在“有弟皆分散，无家问死生。寄书长不达，况乃未休兵”的因战争频繁而与兄弟失去联系的悲戚之境中，情感也是如此的含蓄蕴藉，眼前之景是如“露”一样的“寒凉”——那种难以驱遣、含蓄蕴藉、沉郁深长，时刻缠绕自己的愁绪就这样延续不已，令人唏嘘悲叹。而李白的性格是豪放的，即使是一般的思乡，情感也来得如烈酒一样浓烈，是如“霜”一样的“冰凉”。所以，这里的“霜”和“露”不仅是客观的物象，更是熔铸着诗人自身性格和身世的主观的意象，它们映现着诗人自身复杂的个性。

“望月”何以“怀远”？我想，一是因为人们“日出而作，日落而息”，月上中天之时，人们“身息”却“心活（跃）”；二是此时人的心灵由白天的“满”到夜晚的“空”；三是月夜苍茫、寒凉、虚幻，容易使人变得脆弱，人可能会因脆弱而想寻找归宿；四是苍茫天底下，四海寰宇中，所有人共望一轮明月，共景自然共情；五是文化传统的作用，如我在中秋节的晚上到红树林海滨公园赏月，看到海边赏月之人的团圆幸福，看到他们给远方的亲人发送祝福短信，我也想到了远方的亲人，这既是触景生情，更是文化传统的作用，因为“每逢佳节倍思亲”，在中秋节遥望夜空的月亮就会想念远方的亲人——这是中国人的一种文化传统；六是人们在晚上由向外的“张扬”转向向内的“收敛”，由白天对事业、名利的关注到晚上关注人的内心世界、心灵本源、灵魂栖息之地，关注亲情、故乡、故园等，所以容易“怀远”。有哲学家说，人来到这个世界上就是带着怀乡的冲动寻找自己的精神家园。

时间——清凉的中秋之夜；情境——朗月当空，夜色苍茫、朦胧；人物——离人；情感——离情。“江畔何人初见月，江月何年初照人”，四海之内，由古至今，不同的夜晚，同一轮月亮，同样的苍茫和朦胧，同一种怀思，同一种离愁，同一种心绪，有多少离人，有多少思念，有多少离歌，有多少感叹！“今夜月明人尽望，不知秋思落谁家”，这是唐代诗人王建在思念自己的亲人；“但愿人长久，千里共婵娟”这是宋代文学家苏轼在思念他的弟弟子由……

这里还有几个问题：人为什么容易在秋天怀乡？人为什么容易在中年怀乡？

在一年四季中，春天是万物生发的季节，充满生机，人对未来往往是充满希望的；夏季是万物生长的季节，是火热的季节，人们充实而忙碌；而秋季是万物凋零的季节，是收获的季节，容易让人产生人生暮秋的感觉；冬天到了，一切都归于平淡，人反而容易心平气和了。人生亦如此。少年时期恰如人生的春天，对未来充满希望，指点江山，往往有一种离开故乡、闯荡远方的冲动。余华的《十八岁出门远行》正体现了这种青春的冲动。我有许多年轻的朋友长期离乡在外，却很少想家，他们都可谓“少年出游不思乡”。青年时期犹如一年之中的夏天，为了未来辛苦地忙碌，自然很难有闲暇思乡。而人到中年，好像进入人生的秋天，这时很多人已经功成名就，“曾经沧海难为水”，对忙碌、打拼的生活已有厌倦感，而自身精力也开始走下坡路，就像一个匆匆赶路的人脚步一点点慢下来，疲了，倦了，开始回看来时路，此时便有了思乡的冲动。就像陶渊明所言，“云无心以出岫，鸟倦飞而知还”，倦飞的鸟，要飞回它的故乡，因为那是它的精神家园。杜甫在饱经战乱之后，还漂泊他乡，自然会思乡、思亲，因为他始终没有过上安定的生活，他多么希望能够一家团圆在故乡过一种安定祥和的生活啊！

李白少年时写月亮“呼作白玉盘”，月亮在他心中是那样美，“月下飞天镜，云生结海楼”，他对未来充满着希望。做布衣卿相，建功立业，“天生我材必有用”“我辈岂是蓬蒿人”，壮志在胸，这是他初出蜀时的心态；当在外漂泊多年之后，同样是看到这样美丽的月亮，他却不再关注月亮外在的美，而是“举头望明月，低头思故乡”，因为他对在外追求功业的生活已有些厌倦，开始关注内心的感受——心疲倦了，想回到温暖的故乡了。人在最困难的时候，总会呼唤天地、父母，因为我们是自然之子，天地、父母是我们的根！他们是我们的终极安全依靠！叶落归根，这不仅是一种自然规律，更是自己内心的一种心理需求，只有回到故乡才心安——安全、安定、安静、安宁、安好！打拼的生活属于他乡，休憩的生命只能属于故乡！

我又想到广东没有秋天，没有如郁达夫《故都的秋》一样的秋的况味，这里的人自然不易产生只有在北方的秋天才最容易产生的多愁善感——这里没有“无边落木萧萧下”，没有“不尽长江滚滚来”，没有万物肃杀之境，没有清凉如“露”如“霜”的月光，自然很难催生“特别地来得清，来得静，来得悲凉”的况味。从这个层面来说，南方人即便是“望月怀远”，也不会像北方人那样多愁善感。

第二节　整合文本内容，促进学生高效学习

巧用资源，深化理解

——创作《我心中的刘和珍》

《记念刘和珍君》是鲁迅的经典之作，记述了刘和珍为争取民族主权在“三一八”事件中英勇牺牲的壮举。但是，因这段历史距离现实生活较远，学生很难体会到当时的社会生活，很难理解人物的崇高精神。因此，如何引领学生走进刘和珍的内心世界，理解其精神品质，就成了教学中首先需要突破的难点。

我设置特定情境，采用“浓缩内容法”，让学生创作诗歌《我心中的刘和珍》，浓缩、提炼、整合《记念刘和珍君》中有关刘和珍这个人物的最具核心价值的信息，从而架起学生与文本、学生心灵与人物精神之间的桥梁，促使学生由文本《记念刘和珍君》的阅读者、旁观者转变为文本《我心中的刘和珍》的创作者、建构者，使学生在阅读文本时不是“游离”其外，而是真正与文本、文本中的人物展开“对话”，最终深刻理解人物的精神，激起情感的共鸣，受到思想的启迪。

具体教学过程见《走进人物和作者的精神世界——〈记念刘和珍君〉教学实录及说课》中引导学生根据文中词句创作诗歌《我心中的刘和珍》的环节，此处略。

教学之后，我有如下一些思考：

如何走进人物的精神世界？传统的教学一般是让学生从文本中寻找、罗列有关人物的材料、事件等，然后进行简单评价。这样做常常导致学生与文本、人物之间有隔阂与距离。要想让学生真正走进文本，走进人物的心灵，就必须充分浓缩、整合文本中的相关信息，从而有效地调动

学生的内在情感。

在教学中，我让学生摘录文中描写刘和珍的词句创作诗歌，然后结合诗句了解人物的精神。在创作诗歌的过程中，学生的角色转换了，由“读者”变成了“作者”，大家充分投入了自己的主观情感。学生在创作诗歌《我心中的刘和珍》的过程中，拉近了自己与人物之间的心灵距离，打开了感情表达的闸门，“直接面对”刘和珍倾诉自己的崇敬与哀思，赞誉、缅怀之情油然而生。于是，一个个饱含情感的词句喷涌而出，一位果敢勇毅、敢于担当的新时代女性形象便清晰、立体地呈现在学生面前，大家也在真情倾诉中一步步走进刘和珍的精神世界。

在不断比照中感受“重章叠句”之美

——《诗经》与现代诗歌、歌词的整合对比学习

一、学习的缘起

这是我于2012年暑假进行的一次课堂实践，内容源于给在国外留学的高中生所上的语文课。我有一位学生，高中阶段即到海外求学。为弥补中国文化知识的缺失，2012年暑期他除了学习英语之外，还要学习中国文化经典课程。对于这种具有国际视野而不忘中国文化根基的行为，我很赞赏，希望能为培养一个具有世界眼光、中国情怀的优秀学子尽一些力，也希望能在文本整合方面做一些教学尝试。按照培养方案，课程分五次，主要采用与这位学生交流的方式进行。因为学习的主体不是教师，而是学生，教师的作用就是引导学生进行听、说、读、写，进行思考与表达。

二、学习的路径

课前，学生自学《诗经》的相关篇目，如教材中的《关雎》《氓》《静女》等。上课时，首先与学生研讨词句的基本意思；接着，提出关于情节、人物、主题等方面的问题与学生进行探讨。作业为以一种不同寻常、富有创意的方式表达对诗歌的理解：将《诗经》中的诗歌与其他诗歌或歌曲作品进行对比鉴赏。

三、学习过程回放

2012年6月26日，我们进行第一次授课。课堂上，我引导学生了解《诗经》之“风”“雅”“颂”“赋”“比”“兴”及“重章叠句”的手法，并以《关雎》《静女》为例，重点讲解“重章叠句”的手法，讲解中国汉字表意精准与想象空间大的特点，体会中国语言文字强大的表意功

能。例如，雎——一种鸟；关——鸟叫声；关雎——两只鸟儿在对着叫表达求偶的意思。透过题目，我们隐约感觉作者可能要表达的是男女恋情。又如，《静女》一文，静女有什么特点？能换成“淑女”“靓女”或者“美女”吗？淑女突出的是气质，靓女即美女……这样的故事用今天的眼光该怎样看待？布置作业时，为了研究《诗经》“重章叠句”的手法在现实生活中的运用，我要求学生将《关雎》《静女》与现代诗歌、歌词进行对比研究，体会其“重章叠句”手法的运用，写一篇小论文。

学生课后提交了第一次作业《回环往复，荡气回肠——现代诗歌〈炉中煤——眷念祖国的情绪〉与古典诗歌〈关雎〉“重章叠句”手法之对比研究》。

炉中煤

——眷念祖国的情绪

郭沫若

啊，我年青的女郎！
我不辜负你的殷勤，
你也不要辜负了我的思量。
我为我心爱的人儿，
燃到了这般模样！
啊，我年青的女郎！
你该知道了我的前身？
你该不嫌我黑奴鲁莽？
要我这黑奴的胸中，
才有火一样的心肠。
啊，我年青的女郎！
我想我的前身，
原本是有用的栋梁，
我活埋在地底多年，
到今朝才得重见天光。

啊，我年青的女郎！
我自从重见天光，
我常常思念我的故乡，
我为我心爱的人儿，
燃到了这般模样！

关　雎

关关雎鸠，在河之洲。窈窕淑女，君子好逑。
参差荇菜，左右流之。窈窕淑女，寤寐求之。
求之不得，寤寐思服。悠哉悠哉，辗转反侧。
参差荇菜，左右采之。窈窕淑女，琴瑟友之。
参差荇菜，左右芼之。窈窕淑女，钟鼓乐之。

两首诗中，虽然一首是现代白话诗，一首是中国古典诗歌，但二者有许多相似之处。

首先，《炉中煤——眷念祖国的情绪》中“啊，我年青的女郎”一句出现在每一节的开头，而“窈窕淑女”在《关雎》中也多次出现。其次，两首诗中每一节的句法都基本相同。《炉中煤——眷念祖国的情绪》中每一节以“啊，我年青的女郎”开头，接着写诗人的“前身”，然后写诗人对“女郎”的思念。同样，《关雎》中几乎每一节都以“淑女”采荇菜开头，以如何接近心仪的女孩作为结尾。

这两首诗一首来自两千多年前的春秋时期，一首是郭沫若于1920年创作的现代诗歌；一首用文言文，一首用通俗易懂的白话文；一首描绘男女之间的爱情，一首抒发炽热的爱国情怀。但它们的共同点是都使用了“重章叠句”的手法，充分体现了中国文化的传承性。

对于学生的作业，我给了这样的批语：

这段话总结出了“重章叠句”艺术手法之妙。学习语言时一定要反复朗读，因为这样才能体会到语言的精妙，英语、汉语皆如此。你能否再找一首描写爱情的中文歌曲、一首描写爱情的英文歌曲的歌词或者相关诗歌，将它们放在一起进行比较，你会发现，古今中外，“重章叠句”之法乃语言乾坤大法也！进行小论文写作时，尽可能引用原诗，联系古今中外更多的文化知识，这样才能使作品有更丰富、更深刻的文化内涵。再接着写一下如何？我等着看你补充内容后的作品哟！

在我的鼓励下，他对小论文进行补充，增加了新的内容，提交了第二次作业《回环往复，荡气回肠——对比古今中外四首诗歌、歌曲》。

（《炉中煤——眷念祖国的情绪》与《关雎》原文省略。）

我曾经爱过你

普希金

我曾经爱过你：爱情，也许
在我的心灵里还没有完全消亡，
但愿它不会再打扰你，
我也不想再使你难过悲伤。
我曾经默默无语、毫无指望地爱过你，
我既忍受着羞怯，又忍受着嫉妒的折磨，
我曾经那样真诚、那样温柔地爱过你，
但愿上帝保佑你，
另一个人也会像我一样地爱你。

不　留

王　菲

我把风情给了你，日子给了他；
我把笑容给了你，宽容给了他；
我把思念给了你，时间给了他；
我把照片给了你，日历给了他；
我把颜色给了你，风景给了他；
我把距离给了你，无言给了他；
我把烟花给了你，节日给了他；
……

（与第一次作业相同的内容省略。）

俄国诗人普希金的《我曾经爱过你》和现代中文流行歌曲《不留》的歌词能使我们的视野更加开阔。

《我曾经爱过你》第一行“我曾经爱过你”，第五行“我曾经默默无语、毫无指望地爱过你”，第七行“我曾经那样真诚、那样温柔地爱过你”，这三句都是诗歌题目的简单变化。第五行和第七行都是在“我曾经爱过你”这句话的基础上添加两个形容词而成的。可见，“重章叠句”的手法在西方诗歌中也有所运用。

《不留》歌词中也使用了“重章叠句”手法。“我把风情给了你，日子给了他；我把笑容给了你，宽容给了他；我把思念给了你，时间给了他”，全部采用了“我把什么给了你，什么给了他”的结构，每一句中只更改了少数几个字。

各章句法基本相同，每句中只更换相应的几个字，反复咏唱，这种手法叫“重章叠句”。它在诗歌中运用广泛，艺术效果突出。这样反复咏唱、渲染、强调，能使我们对诗歌有更深的印象，读起来有更好的感觉。同时，整齐的段落还能给人很强的节奏感和更大的冲击力，如绕梁三日，余味悠长。这样能更好地抒发作者的感情，更易让读者感受到文辞的韵味。

这四首来自古今中外的诗歌、歌词，有的表达男女之间缠绵的爱情，有的抒发诗人炽热的爱国情怀等，它们都运用了“重章叠句”的手法。这样回环往复，表现了诗歌的音韵美、意境美、含蓄美。而这种手法在世界范围内的广泛使用，说明世界上所有的语言都有相通的美，大家在不约而同地追求美。

四、实践反思

从学生前后两篇文章的对比中，我们可以清楚地看到，学生在我的指导下，通过聚焦、整合不同文本中的相同内容，对“重章叠句”手法的认识逐步深入。这样的文本整合学习，梳理了古典文学与现代生活的关系，打通了学生理解古典文学、现代诗歌、当代歌词的通道，它们将深深印在学生心灵深处，促进学生的生命成长。

古今诗词的对比，探究的是中国文化的“源”与“流”的问题，以及传承与发展的问题，由流溯源，由源探流，都是打通古今文化的有效方式。中外诗词的对比，探究的是不同文明之间、不同思维方式之间的文化关联。中外诗词有可以互相学习、交融的地方，凸显了人类共同的审美情趣。许多现代流行歌曲与古典诗歌都有紧密的联系。如歌曲《在水一方》和古诗《蒹葭》的联系，歌曲《月亮代表我的心》和古诗句“我寄愁心与明月”的联系，歌词“昨日像那东流水”与李白相关诗句的联系等。

在不同文本联系、对比的整合学习中，学生探究了美的形式，如“重章叠句”的反复咏唱所具有的回环节奏美、首尾圆合美、起伏跌宕美；探究了情的内容，如热烈的爱情、深沉的爱国情怀等。思维的回环形式，属于认知心理学的范畴。学生从文化角度进行纵向比较和横向比较，就能认识到人类优秀的文化对审美的认识和表现有很多相同的地方。

这次文本整合实践，让我有了新的思考：广泛关联、比较，探究文本内容的共性和个性，就可能发现新的有价值的东西。

第三节　构建主题课程，引领学生走向深邃

吟诗作赋感百味，梨花风起正清明

——“百味清明”教学设计及实录

【教学背景】

2012年的清明节前后，我与学生共同开发了以“百味清明”为主题的课程。清明节前夕，我带领学生利用一课时了解清明节文化，学习了12首与清明相关的古典诗词，然后要求学生清明节放假时在家中观看历年清明诗会，吟唱与清明有关的歌曲，体会清明节习俗，创作诗文。清明节后学生返校，师生共同赏析学生创作的诗文。

【教学目标】

1. 知识和能力。

《普通高中语文课程标准（实验）》要求学生阅读优秀作品，品味语言，感受其思想、艺术魅力，发展想象力和审美力，努力提高对古诗文语言的感受力。

根据这些要求确立目标一：学习描写清明的诗歌，理解诗歌题材，鉴赏诗歌写景、抒情的特点。

2. 过程和方法。

《普通高中语文课程标准（实验）》鼓励学生积极参与生活，体验人生，要求教师激发学生的写作欲望，引导学生表达真情实感，使学生丰富生活经历和情感体验，对自然、社会和人生有自己的感悟和思考。

根据这些要求确立目标二：抒写心灵，尝试创作诗歌、散文，在写景、抒情中自然地表达真切的感受。

3. 情感态度和价值观。

《普通高中语文课程标准（实验）》提出，高中语文课程必须充分发挥自身优势，弘扬和培育民族精神，使学生受到优秀文化的熏陶；使学生通过阅读和鉴赏，深化热爱祖国语言文字的感情，体会中华文化的博大精深、源远流长，陶冶性情。

根据这些要求确立目标三：了解清明节习俗，感受清明节文化，陶冶性情，培养热爱自然、感恩亲人的感情。

【学情分析】

高二学生已经积累了一定量的古诗，具备了基本的鉴赏能力；经过高一年级《计算机基础知识》的学习，他们也具备了基本的网络学习能力。另外，许多学生对中国传统文化不了解，很少感悟生活、感恩亲人。因此，在清明节刚过之时实施“百味清明”主题课程教学具有重要意义。

课程实施要符合学生的特点，教学中可以搜集清明知识，讲述清明故事，吟诵、品读、点评清明诗文，观赏清明诗会，参与扫墓、踏青活动，创作清明诗文，诵读与点评作品。

【教学过程】

第一课时

一、创设情境

1. 上课开始，教师输入校园局域网网址打开课件，引导学生浏览起始页面。（音乐响起，教师伴着音乐朗诵）

淡荡春光寒食日，梨花风起正清明。

清明，是河岸边那一枝依依的柳条；

清明，是山林深处那一丝久远的牵挂；

清明，也是氤氲烟雨里那一抹淡淡的喜悦和忧伤。

今天，让我们走进清明，感受它百般的人生况味。

【设计意图：此处出示杜牧《清明》中的诗句，同时配以形象的画面：背景是远山、绿柳、村庄；画面中央，潦倒的诗人拄杖问路，顽皮的牧童骑在牛背上，遥指杏花村。同时播放轻音乐。画面、音乐，加上

教师诗一般的朗诵，一下子就把学生带入浓浓的清明意境之中。】

2. 提问：你能以“清明，是……”的句式说说你心中的清明吗？可以是一句诗或一句话。

【设计意图：学生受到浓浓诗意的感染，自然会用诗一般的语言表达自己的感受。每个学生既可以现场说出感受，也可以在“百味清明”主题学习论坛中写出感受——在那里，每个学生都有表达观点、抒发情感的机会。这样“共题共时”的表达有助于学生之间的情感碰撞，促使他们产生灵感的火花。】

二、明确目标

学生点击校园局域网上的“百味清明”主题教学课件，浏览学习目标。具体的学习目标如下：

第一，学习清明诗歌，理解诗歌的题材，鉴赏诗歌写景、抒情的特点。

第二，欣赏清明诗会，学习诵读清明诗文。

第三，学唱清明歌曲，感受这类音乐的魅力。

第四，抒写心灵，尝试创作诗歌、散文，在写景、抒情中自然地表达真切的感受。

第五，了解清明节习俗，感受清明节文化，陶冶性情，培养热爱自然、感恩亲人的感情。

【设计意图：明确具体的学习任务，使学习有的放矢。】

三、讲清明（故事清明）

1. 学生点击主题教学课件，进入“讲清明”板块。

2. 学习与讨论。

要求学生阅读相关材料，用几个关键词概括材料的主要内容，然后将答案上传至“百味清明”主题学习论坛，合作探讨后，点击主题课件浏览答案。

（1）引导学生了解清明的相关知识。

① 节气清明

清明，二十四节气之一。《岁时百问》中说：“春分后十五日，斗指丁，为清明，万物生长此时，时万物皆洁齐而清明，盖时当气清景明，万物皆显，因此得名。”时间一般在4月4日到6日。清明一到，气温升高，雨量增多，正是春种的好时节，这个节气与农业生产关系密切。

② 节日清明

清明节的前一天为寒食节，相传为春秋时期晋文公悼念介子推“割股充饥”而设。（教师顺便介绍有关介子推的故事）由于清明节与寒食节的日子接近，而寒食节是民间禁火扫墓的日子，二者就渐渐地合二为一了。寒食也成为清明节的习俗，节日期间不动烟火，只吃凉的食品。

清明节有扫墓、踏青、荡秋千、植树等习俗。扫墓，谓之对祖先的“思时之敬”。

（2）学生回答如下问题：

节气：万物生长，________，气温升高，________。

节日：割股充饥，________，扫墓祭祖，________，________。

习俗：扫墓、踏青、荡秋千、植树，扫墓主要是为了__________。

（参考答案：雨量增多，春种时节；寒食禁火，忠诚感恩，清廉明净；表达对祖先的“思时之敬”。）

（3）学生分组合作，小组成员之间相互讲一讲与自己有关的清明故事。

【设计意图：上一个环节的问题是为了让学生了解清明的丰富内涵，并用简洁的语言概述自己的认识。此处让学生讲故事是为了打通语文与生活的联系，让语文在学生心中变得鲜活起来。学生在概括关键词的过程中，既能充分了解清明的内涵，还能把握文段信息，对清明节的文化精神形成初步认知。而学生在论坛上提交的关键词所形成的信息交互碰撞，能激发他们的思维。清明故事的分享也能丰富他们对清明的认识。】

四、吟清明（诗歌清明）

学生点击“百味清明”主题教学课件，进入“吟清明”板块，自主完成下面的学习活动。

1. 清明诗歌的内容大致可以分为三类：追思伤怀、寄托情意、出游玩赏。点击主题教学课件，自由吟诵诗歌。

2. 选择最喜欢的诗歌，按“翻译＋想象＋描述”的方法独立学习，上网搜索该诗资料，从描述情景、点评艺术特色两方面进行赏析，并上传至主题学习论坛中的“赏析批注”专栏。

3. 点击主题教学课件，查看参考答案。

4. 学生之间互相点评、赏析批注。

【设计意图：让学生充分感受有关清明的诗歌的内容和艺术特色，是本课学习的一个重点。而从描述情景、点评艺术特色两方面进行鉴赏，是诗歌学习的基本途径。通过赏析批注、交流思想的方式感受、鉴赏诗歌，能引领学生真正走进诗歌所营造的意境，使学生充分感受诗歌所表达的情意。】

学习内容

第一，追思伤怀类。例如，宋代杨万里的《寒食上冢》：“迳直夫何细！桥危可免扶？远山枫外淡，破屋麦边孤。宿草春风又，新阡去岁无。梨花自寒食，进节只愁余。”诗歌的大意是，小路可真是细长！高桥不用倚扶吗？远处山上的枫叶朦胧色淡，麦田边的小屋显得很孤单。野草一夜间又随风生长出来，刚过一年的小路就消失了。清明后梨花会开，到这个季节我就很思念你。整首诗描写了清明时节的凄凉冷寂，以哀景传哀情，结尾点出“愁”情。

再如，唐代宋之问的《途中寒食》，元末明初高启的《送陈秀才还沙上省墓》。(诗歌赏析略)

第二，寄托情意类。如宋代黄庭坚的《清明》，唐代韩翃的《寒食》，宋代高菊卿的《清明》，宋代王禹偁的《清明》。(诗歌赏析略)

第三，出游玩赏类。如宋代吴惟信的《苏堤清明即事》，宋代程颢的《郊行即事》，明代王磐的《清江引·清明日出游》。(诗歌赏析略)

五、诵清明（诗会清明）

1. 学生点击主题教学课件，进入“诵清明”板块，然后任意点击教师提供的网址，观看中央电视台精心策划制作的清明诗会。

2. 学生自由欣赏、诵读、点评，并将点评上传至专题学习论坛。

3. 学生从所学诗歌中任选一首进行配乐朗诵，录制视频并上传至主题学习论坛中的“我们的清明诗会”专栏。

4. 学生互相交流对清明诗会的点评，互相欣赏并点评同学的配乐朗诵作品。

【设计意图：让学生真切感受清明诗会朗诵的盛况，感受中华传统诗歌的无穷魅力，感受华夏文化的丰富内涵，感受、体会并学习诵读，激发学生热爱诗歌、热爱中华文化的情感，陶冶学生的美好情操。】

六、唱清明（音乐清明）

1. 点击主题教学课件，进入“唱清明”板块。

2. 点击主题教学课件中的链接，欣赏歌曲。

3. 学生学唱歌曲，发表感言并上传至主题学习论坛。

【设计意图：让学生体会歌曲中的别样清明，体会歌词中的诗意之美，体会音乐旋律中的情感表达，受到美的感染和熏陶。】

演唱内容：

李玉刚演唱的《清明上河图》；

电视连续剧《新白娘子传奇》中的插曲《清明上坟》；

许嵩演唱的《清明雨上》。

七、悟清明（哲学清明）

1. 学生点击主题教学课件，进入“悟清明”板块，在主题学习论坛上发帖，用一段话谈谈自己对清明的独特认识。

2. 学生之间互相点评。

3. 学生参看网络点评。

4. 教师点击主题教学课件，进行点评、总结。

教师点评内容：

清明时节最重要的民俗活动是扫墓祭祖、踏青郊游。它们所需的环境氛围与所体现的情感截然不同。前者肃穆、伤感，后者轻松、愉悦。把这两项活动放在一起，客观上起到这样一种效果——追忆逝者、“体验”死亡之后，再重新面对生机盎然的大自然，人会更加珍爱生命、热爱生活。前者怀旧悼亡，后者求新护生。一阴一阳，一息一生，正体现中国文化阴阳互补相生的哲学意味。清明，不仅是对先人的祭奠和追忆，也蕴含着新希望、新生命的开始。

【设计意图：引导学生对前面的学习进行总结性的梳理，让他们在感性认知的基础上，逐渐形成自己的理性认识，沉淀自己的思想。】

八、写清明（心灵清明）

师：又是一年清明时，你将度过一个怎样的清明节？请用自己的方式表达对清明的独特感受。课后请参加清明节的相关活动，然后创作诗文，表达自己的独特感受。可以谈学习本课内容后的感想，可以描写清明节参加的出游赏玩或祭奠活动，可以创作诗歌，或通过其他艺术形式来表现。总之，抒写一个属于你自己的“百味清明”。清明节后把创作的内容上传至“百味清明”专题学习论坛，共同讨论交流。

【设计意图：让学生带着自己的感受和思想走向清明时节的现实生活，在生活中真切感受；让学生在感受之后主动表达出来，让学习的有关清明的知识得到综合运用；让学生由阅读走向写作，由表象走向深刻，由外在的感受走向内心的体验，由感性走向理性，在写作中进一步陶冶情操和沉淀思想。而在学习论坛上的再次交流和碰撞必然能促进每个学生的情感升华和思想提升，使“百味清明”主题学习更有价值。】

第二课时

（教师用课件出示课题。）

师：2012年的清明节已经渐渐远去，但是它作为一种记忆，也许会留在我们的记忆深处。有一首诗歌非常经典，我们共同来吟诵一下。清明时节雨纷纷，开始——

生（齐诵）：清明时节雨纷纷，路上行人欲断魂。借问酒家何处有？牧童遥指杏花村。

师：同学们，前两天清明节的时候没有下雨，清明节过去了，今天雨却淅淅沥沥地下着。作为一个追忆先人的节日，雨刚好契合了人们的某种心情。今天我们在雨中可能有一些特殊的感受，也许你感受到了清新，也许你感受到了惆怅，无论是哪一种感受，总有一种独特的滋味在里边。本节课是“百味清明”主题课程的第二课时，叫展示课。今天早读课的时候，我们已经分好了小组。现在我们开始进行展示。由于我们是第一次这样上课，有的同学可能对程序有点生疏。我们先来看看展示的程序。

（教师出示课件。）

课件内容如下：

分组——学生按方阵分成六组，商定小组口号，指定小组长。

准备——小组成员在组长的带领下，共同制订展示计划（可将创作的文章、诗歌、绘画等拍成照片并制成课件，也可将作品在上课前抄在黑板上）。

展示——各组指定展示代表，拟定展示解说语，展示作品（朗读—解说—谈感受）。

补充——各组代表展示之后，本组其他同学可以进行补充。

答疑——其他组同学质疑、本组同学答疑。

评价——单数组与偶数组之间互相评价（一二组、三四组、五六组之间互相评价）。

师：现在我们进行展示。第一步，朗读作品，可以配乐朗读，也可以不配乐。第二步，对展示的作品进行解说，谈一谈创作感受。展示完后，本组的其他同学可以进行补充。第三步，其他组的同学如果有疑问或感兴趣的地方，可以进行质疑或要求具体解释，本组同学要进行答疑。第四步，进行评价，单数组与偶数组之间互相评价。评价可以从以下几个方面来进行。

（教师出示课件，学生齐读。）

评价内容参考标准

第一，如果是一般的文章，看写景是否具体、细致，表达情感是否细腻、真实，叙事、写景、抒情等方面有没有与众不同的地方，是不是写出了一个独特的清明。

第二，如果是诗歌，看语言是不是有诗的味道（如含蓄、古雅、新奇等），是不是写出了景物的某些特点，是不是营造出某种特殊意境、氛围，是不是传达了某些真挚的情感。

第三，如果是绘画，看所画景物是不是能体现清明时节的特点，绘画是不是能体现绘画者的某种精神或艺术追求，所配文字与图画之间能否自然融为一体，成为一件完美的艺术品。

第四，如果是别的艺术形式，要从内容是否紧扣“清明”的主题，表现形式是否新颖、细致，形式是否有创新等方面进行评价。

（教师出示课件。）

展示程序：

第一组　《细雨清明》　何润莲

第二组　《感悟清明》　杨鹏城

第三组　诗歌《清明》　黄巧蕾

第四组　诗歌《清明雨上》　苏淑嫚　　诗歌《清明》　李伟城

第五组　诗歌《百味清明》　罗子卿

第六组　诗歌《清明有感》　杜雯琪

师：现在就让我们按照程序来展示。有请第一组的何润莲同学。

（学生鼓掌。）

生（何润莲）：我写的是一篇文章，叫作《细雨清明》。（朗读文章）

细雨清明

每到清明，我总会联想到两句诗：“清明时节雨纷纷，路上行人欲断魂。”它就像清明的影子，如影随形。它的贴切不仅在于写了那场及时的春雨，还有对故人欲断却未断的眷恋与哀愁。若说清明时节容易下雨，那么这雨便是天下人对逝者所流下的那滴思念的泪。它是那么细远绵长，不多不大却不曾间断。

零星的几滴雨，打不湿每年今日走过的青石板路，人们撑着黑色的雨伞，靠着栏杆，俯首望着桥下的流水，清风细雨，涟漪层层，模糊了水中的画面。

岸上，桃花依旧，可是，往日生活于自己身旁，陪自己哭过、笑过、痛过、乐过的人，如今魂在何处？眼前的一座坟，生生地在你我之间裂开一道死亡的鸿沟。

我多想轻抚你的脸颊，将思念化成一个浅浅的吻，印在你的肌肤、你的心中，我多想啊，可是你却不在了。而我唯一能做的是在你的坟前轻轻跪下，用眼泪为你下一场雨，将这一年所有的怀念释放、倾倒……

清明细雨时节，眼角早已分不清是雨抑或是泪了。

生（何润莲）：这篇文章写的是我今年清明在爷爷的坟前上香时的感受，想表达对爷爷的思念之情。

（学生鼓掌。）

师：同学们，有没有需要向她提出问题的？比如，你对哪一点感受比较深，或者有什么不太清楚、不太明白，想向她请教的。

（学生静静地思考，没有人举手。教师看到一个学生有说的冲动，就走向了他。）

生：我觉得这篇文章写出了她对爷爷的怀念之情，她非常爱自己的爷爷，所以在清明的时候为爷爷扫墓。她的细节描写让人心里为之一动。

师：哪一个细节让你感动？

生：文章把清明节的气氛烘托得特别好，有种淡淡的忧伤。文章整体描写出了清明时节的情景，表达了一种人与人之间生死相隔的无奈。

师：一是把氛围渲染出来了，二是表达了一种对生与死的思考。

生：通过细节描写，把感情放大了很多倍。

师：你对哪一点感受最深？你记住了哪一句话？

生：作者写的“死亡的鸿沟”。

师：刚才的两位同学说得很好，大家注意到，这篇文章的优点在于，第一是渲染了清明时的氛围，第二是传达了自己对生与死的一种思考。我们写作写景抒情散文和诗歌的时候，就是要渲染出一种适当的氛围，传递出一种情感。现在我们有请第二组的杨鹏城来展示。

（学生鼓掌。）

生（杨鹏城）：我还没有准备好。

师：好，你再准备一下。下面请第三组的黄巧蕾来展示。

（学生鼓掌，黄巧蕾站起来朗读。）

清　明

春城处处梨花落，却逢琐事惹心烦。
岁月东流难再返，年复一年人憔悴。
几家坟上重修整，思绪纷繁泪满裳。
耳觉袅袅余音过，何以笙箫映清明。

生（黄巧蕾）：这首诗是我今年清明节后写的。“春城处处梨花落”中的“梨花”谐音“离花”，代表离别。清明的时候，我们会想到很多事，有时候会为岁月的流逝而伤感，所以“年复一年人憔悴”。清明的时候，有些人会去扫墓，但是也有一些坟墓周围杂草丛生，很少有人去修整。看到这种情景，我的思绪纷繁，有时候就会流泪，同时耳畔仿佛传来阵阵箫声。写完这首诗，我的感想是，清明一般是肃穆、庄重、悲凉、感伤的，清明作为春天中重要的节日，不仅是对先人的纪念和追忆，还蕴含着生机。有一句诗说“清明时节雨纷纷”，但今年的清明节却没有下雨，而是清明节过后才下雨。为什么会在清明节后下雨呢？因为思念是雨，能滋润心中温暖的回忆；思念是雨，能带给人们对晴朗的期待。希望从此之后我们每个人的心灵会变得更加澄澈明净，我们的社会会变得更加和谐美好。

（学生鼓掌。）

师：我们注意到她刚才用上了假期前学习的内容，同时，她还联系了自己的生活。我先不谈，有没有同学要对她的发言进行评价的？可以质疑，也可以谈自己觉得哪一点特别好。

（没有人举手。）

师：你们是第三组，请第四组的组长来评价一下，你感觉她写得怎么样？

生：好。

（有人在笑。）

师：好在哪里？哪一点令你印象最深？说一说。

（教师把话筒递给学生，学生拍拍话筒，调试一下，然后回答。）

生：把思念之情融入写景中。

生：“春城处处梨花落”，“梨花”是什么？它的谐音就是别离之花。她很好地运用了我们学过的诗中的一个词语——“梨花”。

师：我对刚才这两位同学所说的做一点总结。第一个同学说到了一种情景、情感，第二个同学说到了“梨花”的意象。这都是诗歌或者写景抒情作品（此处有口误，“或者”前后的内容有交叉关系）中非常重要的内容。

（教师板书：情景、情感、意象。）

师：下面请第四组的苏淑嫚来展示。

（学生鼓掌。）

生（苏淑嫚）：我写的这首《清明雨上》借用了许嵩的一首歌的名字。（开始朗诵）

清明雨上

又到人间春时节，四月小柳发新芽。
断雪清雨漫长天，一纸飞鸢戏童娃。
败叶去年留今日，残烛风中寻何家。
独存溪涧流碧水，惹出一岸影成花。

生（苏淑嫚）：这首诗是我与一个朋友合作完成的，前两联和最后一联是我写的。写第三联时我的脑子有点短路了，就请朋友帮忙写。第一联和第二联描述的是春天的景象，“四月小柳发新芽”了，春天来了，雪化了。一般情况下，在清明节的时候都会下雨，而今年没有下雨，但我还是写了“清雨漫长天”。“一纸飞鸢戏童娃”，“飞鸢”就是风筝，我想象在春天里小孩子一起放风筝，感觉很美好。“败叶去年留今日，残烛风中寻何家”，是我朋友写的，她是想表现那种贴近清明主题的伤感的感觉。但是我感觉它们放在这里不是太好。“独存溪涧流碧水，惹出一岸影成花”，我是想描写春天的美好景象，如潺潺的溪流，还有溪边那一簇一簇的花。

师：大家有没有疑问？

（没有人回答。）

师：我有一个疑问。刚才你说“败叶去年留今日，残烛风中寻何家”放在这儿不太合适，为什么？

生（苏淑嫚）：我的这首诗想表现春天那种美好的景象，强加这句显得有点牵强。

师：为什么显得牵强？

生（苏淑嫚）：感觉很美好的景色里面突然加入了一些不合时宜的因素。

师：你是说乐景中加入这种哀景不太协调？（学生点头）大家同意吗？有没有不同意见？

（学生表示同意。）

生：可以把第三联、第四联换一下位置。

师：把最后一联和第三联调换一下顺序？那你调换顺序后重新来读一遍。

（学生读，他先按照原来的顺序读了，其他学生议论，这个学生自己都不好意思地笑了，然后又重新读了一遍。）

师：为什么要这样呢？

生：这样前三联连在一起，写的都是美好的景物和情感，最后一联再点出清明应该有的那种心情。

师：前三联是连着的，情感是一致的，都是写乐景，最后一联再点出清明时节特有的一种情感。大家认为有没有道理？

生（齐）：有。

师：大家有没有不同意见？

生：我认为不用调整诗句的顺序。“败叶去年留今日，残烛风中寻何家”的前面写了美好的景色，因为题目是《清明雨上》，所以第三联写了凄凉的景象，渲染出一种悲凉的气氛，（师插话：形成了一种——）这样就形成了一种对比，互相衬托，而最后又回到一种美好的意象当中，就像重新注入了希望一样。

师：哦，又重新注入了希望！你感觉这首诗中是悲凉的心情占主导，还是欢乐、愉悦的心情占主导？

生：我感觉是欢乐、愉悦的心情占主导。我感觉这首诗所表达的情感是积极向上的。

师：所以，你感觉落脚点应该在——

生：在希望和寄托上。

师：有没有其他意见？

生：我同意第一个同学所讲的——把最后一联和倒数第二联换一下顺序。我感觉还是换一下顺序好。我从“断雪”“败叶”“残烛”“独存”等词中看出她始终怀有一种悲凉的感觉，如果把第三联和第四联换一下顺序，就可能比较符合诗歌的顺序，最后一联用来抒情。

师：大家注意，刚才她在解说的时候，用了诗歌中的几个意象，那就是“断雪”“败叶”“残烛”“独存”。大家还有没有其他意见？

生：我同意第二个同学的观点。这样写能说明故人已去，而自己还可以活得很好，突出新的希望。

师：你认为在这首诗中，是悲凉的感觉多一些，还是愉悦、欢快的感觉多一些？

生：愉悦、欢快的感觉多一些，带来新的希望。

师：不同同学有不同的理解，诗无达诂，都讲得有道理。这反映了我们班同学的思维很开阔，富有思辨性。对这个问题的进一步研究就留到课后。我觉得这首诗中无论是乐的，还是哀的，都是有的。我们再举一个例子，“四月小柳发新芽”，什么叫“小柳”？什么叫“新芽”？都是充满生命力的。而“败叶”“残烛”就完全是另外一种意象。二者对比非常鲜明。所以说这个同学的诗歌写得真的非常好。我们把掌声送给这位同学，也送给刚才发言的所有同学。

（学生鼓掌。）

师：有请下一位同学。李伟城，你准备好了吗?

（李伟城站起来朗读。）

清　明

晨起鸡鸣鸟叽喳，一口白粥难咽下。
午后微风不知寒，柳枝翩翩鸟飞返。
晚风来时才觉凉，刮起风沙墓园脏。
犹有未曾见一面，拜天拜地拜祖先。

（学生笑，然后纷纷鼓掌。）

生（李伟城）：这是我在清明节晚上写的。写的是早上、中午和晚上的情景。早上起得很早，我心中抑郁，所以连白粥也难以咽下。到了中午，因为没有下雨，所以就感受不到寒冷，也觉得没有清明时的那种氛围。“柳枝”有“留”的意思，鸟飞出去又返回来，写这些是为了渲染气氛。到了晚上我才觉得有点凉，“刮起风沙墓园脏”提醒我们要扫墓，（笑声）于是我就觉得要拜一拜祖先了。

（学生发出笑声。）

师：大家觉得很有趣吧?我提一个问题，大家觉得他的诗中哪一句写得最好?

生（不约而同）：拜天拜地拜祖先。

师：说说为什么。

生：充分表达出他的情感，突出清明时节的快乐。（笑声）

师：诗歌本来是很忌讳用重字的，但他通过这三个相同的字，非常强烈地表达了一种情感。还有哪一句?

师：（面向观课的王燕老师）王老师，你觉得哪一句写得最好?

王老师：我觉得第四句还可以吧。“柳枝翩翩鸟飞返”，有点动态美，不是那么抽象。最后两句显得比较抽象。

师：你感觉它很有形象感。

王老师：有意境美。

（学生鼓掌。）

师："午后微风不知寒"写得怎么样？这是运用了什么手法？（学生静默）"吹面不寒杨柳风"，"午后微风不知寒"，谁不知"微风寒"啊？押韵上也要注意，下去自己修改一下，我们课后可以继续研讨。下面我们请第五组的罗子卿来展示。

（罗子卿有感情地朗诵。）

百味清明

清明雨纷纷，上香祭祖坟。
忽念墓价涨，百姓呼坑爹。
活人伤不起，逝者死不起。
何止至于此？蝗虫见稗草！

生（罗子卿）：这首诗是我自己一个人写的。前两句我就不用解释了，因为大家都能看得懂。我在诗中为什么说"活人伤不起"？因为现在墓地的价格实在太高了（笑声），新闻上说，买一块墓地的钱差不多可以买半套房子了，这不是一个人随便可以赚到的。"逝者死不起"，墓地这么贵，谁死得起啊（辅以上下晃动的手势）！我觉得最好的是最后两句，用了象征的手法。"蝗虫见稗草"，"蝗虫"象征有关部门，"稗草"象征有关部门的经济利益链，因为蝗虫见到自己要的东西和对自己有益的东西，就会去啃它。大家知道蝗虫过境的那种感觉吗？墓地从原来的每块地几万块钱，涨到现在的 30 多万，甚至更多，我就搞不明白，中间哪来那么多利益环节？中间肯定存在官商勾结等，反正就是一些见不得人的事儿。（笑声不断）我这首诗是抨击时弊的。

师：请拿出清明节前咱们发的材料，你看一看，这首诗是咱们说的追思伤怀、出游玩赏、寄托情意类诗歌中的哪一类？

生：寄托情意类。

师：写的是有关清明的事儿，但表达的不是对清明的追思，而是对时政的一种抨击，完全是一种寄托，这也是这首诗独具一格的特色。大家觉得这首诗中写得比较好的是哪一句？

生：最后一句。用象征手法明确地指出说明的对象，表达自己心中想要表达的情感。

师：他用了“蝗虫”和“稗草”这两个意象来表达。诗歌要突出什么？就像刚才王老师说的那样，要突出形象感。她为什么赞赏“柳枝翩翩鸟飞返”写得好呢？就是觉得诗句具有形象感。这首诗本来是抨击时政的，是要议论的，但是作者没有议论，而是用形象化的手法，“何止至于此？蝗虫见稗草！”作者什么观点都没有直接说出来，而是让读者（通过形象）来想。这首诗的确写得很好！

师：下面请杜雯琪发言。

（学生鼓掌，杜雯琪站起来朗读。）

清明有感

清明踏青天无云，阳光照身觉夏临。
途人捧菊纷纷过，身在西丽意同人。
寻坟祭祖泪沾襟，下跪插香佑家安。
春景虽美难溶情，愿君黄泉可安心。
生者应惜美年华，时新勤做没顶梁。

生（杜雯琪）：这首诗是我清明节晚上在家里写的。诗中表达了一种对清明的独特的感受，表现出了对爷爷的怀念。我觉得清明节不仅要缅怀故人，还要目光向前看，面向未来。

（学生鼓掌。）

师：咱们请这组同学做些评价。

（学生坐在后面看不到前面的投影，教师让他到前面来看。）

生：她希望自己的爷爷在黄泉之下能够安心。从后面的诗句中可以看出，她对自己的爷爷有非常深的感情。一般的老年人对自己的孙辈是非常关心的，而她想让自己的爷爷在黄泉之下不要再为她操心，从中体现了她的孝心。

师：其他同学有什么问题吗？

生："清明踏青天无云，阳光照身觉夏临"，清明不是春天的重要节日吗，怎么会"觉夏临"呢？

（另一名学生站起来回答。）

生：清明那天天气很好，没有下雨，万里无云，而我们身在深圳，虽然是春天，但作者感觉就像夏天来了一样，把一种真实的感受写出来了。

师：哦，她写出的是一种真实的感受。（对提出问题的学生）你对他的回答满意吗？

生：满意。

（学生鼓掌。）

师：大家还有没有自己的想法？刚才那位同学提出的疑问很好，有疑问才是创造的开始。深圳作为中国的一个（地理位置）相对靠南的城市，清明的时候，万里无云，的确让人感觉就像夏天来了一样。昨天我的一个在辽宁上大学的学生给我打电话，她说前两天还穿着棉袄，我说真是天南海北大不相同啊！虽然同是清明，但给人的感觉却截然不同。这位同学真的是写出了他自己的感受。诗歌也好，文章也好，只要是创作，写出自己的真实感受才是最重要的。谁还要发言的？

（第二组的杨鹏城发言，学生评价。）

师：下面我们进行最后一个环节。大家觉得刚才这些同学的作品中，你最欣赏谁的作品？为什么？

生：我比较喜欢苏淑嫚的作品。因为写清明的作品，一般都是写那种让人伤感的景物，表达自己悲伤的感情。而她用乐景来衬托哀情，以此来表现清明时节的那种氛围。

师：她一反平常的写法，主要写乐景。

生：她用自己独特的手法，写出了对清明的独特的感受。

师：哦，这的确是一种独特的感受。昨天我收到了 9 班的同学上交的文章，有同学写自己在清明节时的感觉是挤，她写了自己跟着父母坐车挤车的经历。不管怎么说，她写得很真实，这才是最重要的。还有哪位同学也来谈一谈？

生：罗子卿的那首诗非常现实。

师：你比较喜欢贴近现实的作品。关心时事的确是我们年轻人最喜欢做的事情。真的，当我们的教育、我们的学习与生活紧密相连的时候，写作才有源头和活水。还有哪位同学也来说一说？

生：我也喜欢罗子卿的作品，他非常有创意，他的思维非常开放。我最喜欢最后一句，因为它形象生动。用这种形象的手法，能让读者眼前一亮。

师：首先给读者一个形象，让读者有一种感觉，有一种体验，然后透过这个形象来间接巧妙地传达自己的情感，表达自己的思想。这的确是罗子卿的一个创造。鉴于时间关系，我们不可能做出更多的评价。但是，通过这节课，我真的看到了我们班同学的风采，把掌声送给刚才所有发言的同学。

（全班学生鼓掌。）

师：虽然清明节已经过去了，但是清明节给我们留下的一些记忆却不会消失。我希望以后每逢这样的节日，大家对生活多一些思考，对诗歌和其他文章也做一些思考。希望今年清明给你留下的是一个独特的印象，谢谢大家！

由文及心，融入生命

——“《论语》之孝”教学设计

【教学设想】

1. 由言及意：由“孝”的表面意思到“孝”的内在含义。

2. 由古及今：由“古代之孝”到“今日之孝”。

3. 由文及人：由学习有关“孝”的文辞到内化“孝”的精神。

【教学目标】

1. 智能目标：理解《论语》中有关“孝”的文言词句的基本意思。

2. 思维目标：学习由文联时（已）和以时（已）解文的思维方式。

3. 情意目标：深刻理解“孝”的含义，将“孝”的精神融入生命。

【教学过程】

一、初感“孝之本义”

从《说文解字》中“孝”的象形字和深圳地铁画“三代人之间的爱”出发，引导学生理解孝的本义。

二、理解“《论语》之孝”

教师引导学生梳理文句，理解“《论语》之孝”的基本意思。

学生分组讨论，主要任务包括：第一，读原句；第二，说意思；第三，进行评价。

1. 宰我出。子曰：“予之不仁也！子生三年，然后免于父母之怀。夫三年之丧，天下之通丧也。予也有三年之爱于其父母乎?”（《论语·阳货》）

【译文】宰我出去后。孔子说：“宰我真是不仁啊！孩子生下来，要到三岁时才能离开父母的怀抱。为父母守孝三年，这是天下通例啊。宰我难道没有从他父母怀抱中得到三年之爱吗?”

2. 孟懿子问孝。子曰："无违。"樊迟御，子告之曰："孟孙问孝于我，我对曰'无违'。"樊迟曰："何谓也？"子曰："生，事之以礼；死，葬之以礼，祭之以礼。"（《论语·为政》）

【译文】孟懿子向孔子请教孝道。孔子说："孝就是不要违礼。"樊迟为孔子驾车时，孔子告诉他："孟孙问我什么是孝，我告诉他说'不要违礼'。"樊迟说："这是什么意思呢？"孔子说："父母生前，要以礼侍奉他们；父母死后，要以礼安葬他们，以礼祭祀他们。"

3. 孟武伯①问孝。子曰："父母唯其②疾之忧。"（《论语·为政》）

【注释】① 孟武伯：仲孙彘，孟懿子的儿子，"武"是谥号。② 其：第三人称代词，相当于"他的""他们的"。但这里"其"指代的是父母还是儿女呢？有两种说法。王充《论衡·问孔篇》中说："武伯善忧父母，故曰，唯其疾之忧。"刘安及其门客所编的《淮南子·说林训》中说："忧父之疾者子，治之者医。"高诱注云："父母唯其疾之忧，故曰忧之者子。"可见王充、高诱都认为"其"字是指代父母而言的。马融却说："言孝子不妄为非，唯疾病然后使父母忧。"认为"其"字指代孝子。

【译文】孟武伯向孔子请教孝道。孔子说："就是为父母的疾病而担忧。"

4. 子游问孝。子曰："今之孝者，是谓能养。至于犬马，皆能有养；不敬，何以别乎？"（《论语·为政》）

【译文】子游向孔子请教孝道。孔子说："现在的所谓孝，就是说能够养活父母便行了。然而，就是狗马都能够得到饲养；若不存心孝敬父母，那养活父母和饲养狗马又有什么区别呢？"

5. 子夏问孝。子曰："色难①。有事，弟子服其劳；有酒食，先生②馔③，曾是以为孝乎？"（《论语·为政》）

【注释】① 色难：色，脸色；难，不容易。② 先生：长辈或父母。③ 馔：饮食，吃喝。

【译文】子夏向孔子请教孝道。孔子说："孩子在父母面前经常保持愉悦的脸色，是件难事。有事情，年轻人效劳；有酒有饭，让年长的人吃喝，难道竟能认为这是孝吗?”

6. 子曰：“父母在，不远游，游必有方。”（《论语·里仁》）

【译文】孔子说：“父母在世，不出远门，如果要出远门，必须有一定的去处。”

7. 子曰：“父母之年，不可不知也。一则以喜，一则以惧。”（《论语·里仁》）

【译文】孔子说：“父母的年纪不能不时时记在心里。一方面（因其高寿而）高兴，一方面（因其寿高而）有所恐惧。”

8. 子曰：“父在，观其志；父没，观其行；三年无改于父之道，可谓孝矣。”（《论语·学而》）

【译文】孔子说：“他父亲活着时，（因为他无权独立行动）要观察他的志向；他的父亲死了后，就要观察他的行为；如果他的父亲死了三年以后他依然还是像父亲在世时那样坚持固有的人生准则，而不加以改变，那么这个人就可以说做到孝了。”

9. 曾子曰：“吾闻诸夫子，孟庄子之孝也，其他可能也；其不改父之臣与父之政，是难能也。”（《论语·子张》）

【译文】曾子说：“我听老师说过，孟庄子的孝，别的都容易做到；而留用他父亲的旧臣，不改变他父亲的政治措施，是难以做到的。”

10. 子曰：“事父母几谏①，见志不从②，又敬不违，劳③而不怨。”（《论语·里仁》）

【注释】① 几谏：委婉地规劝。② 从：听从。③ 劳：操劳，辛劳。

【译文】孔子说：“侍奉父母，（如果他们有不对的地方）要委婉地劝说他们，看到自己的意见没有被听从，还是要恭敬地对待他们，并不违抗，替他们操劳而不怨恨。”

11. 子曰：“弟子入则孝，出则弟①，谨②而信，泛爱众，而亲仁。行有余力，则以学文。”（《论语·学而》）

【注释】① 弟：通“悌”，意指顺从兄长。② 谨：寡言少语。

【译文】孔子说：“弟子们在父母跟前，要孝顺父母；出门在外，要顺从兄长；言行要谨慎，要诚实可信，寡言少语，要广泛地去爱众人，亲近那些有仁德的人。这样躬行实践之后，还有余力的话，就再去学习文化知识。”

12. 有子曰：“其为人也孝弟，而好犯上者，鲜矣；不好犯上，而好作乱者，未之有也。君子务本，本立而道生。孝弟也者，其为仁之本与！”（《论语·学而》）

【译文】有子说：“他的为人，孝顺父母，顺从兄长，却喜欢触犯上层统治者，这种人是很少的；不喜欢触犯上层统治者，却喜欢造反，这种人从来没有过。君子专心致力于根本的事务，根本建立了，‘道’就会产生。孝顺父母，顺从兄长，这就是仁的根本啊！”

13. 子夏曰：“贤贤易色①；事父母，能竭其力；事君，能致其身②；与朋友交，言而有信。虽曰未学，吾必谓之学矣。”（《论语·学而》）

【注释】① 贤贤易色：本指对妻子要重品德，不重容貌；引申含义指看到比自己贤能的人，心里充满了恭敬。第一个“贤”是动词，表示尊敬、恭敬；第二个“贤”是名词，表示贤能的人。② 致其身：意指能为君主豁出性命。

【译文】子夏说：“对妻子，重品德，不重容貌；侍奉父母，能尽心竭力；为君主办事，能豁出性命；同朋友交往，说话诚实守信。这种人虽说没有学习过，我一定说他已经学习过了。”

三、深入认识“《论语》之孝”

请结合文句，广泛联系古今中外关于“孝”的事例来说明。

什么是“孝”？“孝”是____________________________________

为什么要“孝”？这是因为________________________________

怎样行孝？行孝就要______________________________________

1. 什么是“孝”？

“孝”就是尊敬父母，满足父母的合理要求，让父母开心，不和父母吵架，担忧父母的身体，不怨恨父母等。

2. 为什么要“孝”?

①“哀哀父母，生我劬劳……哀哀父母，生我劳瘁……父兮生我，母兮鞠我。抚我畜我，长我育我，顾我复我，出入腹我。欲报之德，昊天罔极!”(《诗经·小雅·蓼莪》)

② 百善孝为先，孝是百善之源。

③“孝”是“仁、义、礼、智、信”的基础。

④“子欲养而亲不待”，应及时行孝。

⑤ 我相信每个赤诚忠厚的孩子，都曾在心底向父母许下“孝”的宏愿，相信来日方长，相信水到渠成，相信自己必有功成名就衣锦还乡的那一天，可以从容尽孝。可惜人们忘了，忘了时间的残酷，忘了人生的短暂，忘了世上有永远无法报答的恩情，忘了生命本身有不堪一击的脆弱。(毕淑敏《孝心无价》)

3. 怎样行孝?

① 虞舜性至孝，孝感动天地。恒帝侍病母，三年不解衣。哭竹冬生笋，孟宗母病愈。九岁黄香儿，夏扇冬温席。(《二十四孝》)

② 父母呼，应勿缓；父母命，行勿懒。(《弟子规》)

③ 长者问，对勿欺；长者令，行勿迟；长者赐，不敢辞。(民国时期周秉清语)

④ 侍于亲长，声容易肃，勿因琐事，大声呼叱。(民国时期周秉清语)

⑤ 要行孝，就是要好好学习，不让父母担忧；再远的距离，也要常回家看望父母；不要擅自做主而不禀告父母；东西虽然很小，也不要背着父母偷偷地私藏起来；父母所喜爱的东西，当子女的都应尽力准备齐全；父母所厌恶的事情，都该小心排除。如果子女的身体受到伤害，一定会给父母带来忧愁；子女的品格有了缺失，会让父母感到羞辱、没有面子。(教师解说《弟子规》)

四、思辨“今日之孝”

1.“今日之孝”存在哪些问题?如何去解决这些问题?

(1) 存在的问题：留守老人多，他们不仅不能安享晚年，还要抚养孙辈；子女外出工作，不在父母身边，不能照顾父母；孩子对父母大呼小叫；“啃老”问题，等等。

（2）该如何解决：子女要常关心父母；建立社会干预机制。全国人大常委会表决通过的《老年人权益保障法》实施，以法律形式明确家庭成员应当关心老年人的精神需求：与老年人分开居住的家庭成员，应当经常看望或者问候老年人。把家庭成员经常看望或者问候老年人，从道德层面上升到法律层面，引起了社会的普遍关注和广泛热议。

2.“今日之孝”如何在当代发扬光大？

全国妇联老龄工作协调办、全国老龄办、全国“心系”系列活动组委会于2012年8月13日共同发布新“二十四孝”行动标准。

（1）经常带着爱人、子女回家。

（2）节假日尽量与父母共度。

（3）为父母举办生日宴会。

（4）亲自给父母做饭。

（5）每周给父母打个电话。

（6）父母的零花钱不能少。

（7）为父母建立“关爱卡”。

（8）仔细聆听父母的往事。

（9）教父母学会上网。

（10）经常为父母拍照。

（11）对父母的爱要说出口。

（12）打开父母的心结。

（13）支持父母的业余爱好。

（14）支持单身父母再婚。

（15）定期带父母做体检。

（16）为父母购买合适的保险。

（17）常跟父母做交心的沟通。

（18）带父母一起出席重要的活动。

(19) 带父母参观你工作的地方。

(20) 带父母去旅行或故地重游。

(21) 和父母一起锻炼身体。

(22) 适当参与父母的活动。

(23) 陪父母拜访他们的老朋友。

(24) 陪父母看一场老电影。

五、反观“我之孝”

1. 播放视频：公益广告《关爱老人——打包篇》。

视频的内容：爸爸的记忆力越来越差，忘记了很多事情，甚至认不出儿子，也不知道家在哪里。儿子带他外出吃饭，盘子里剩下两个饺子，爸爸竟然直接用手抓起饺子放进口袋。儿子愣住了。爸爸说：“我儿子最爱吃这个了。”

2. 学生观看后谈感想。

3. 教师要求学生联系《论语》中的句子，联系自己的实际，谈谈自己以前在行孝上做得怎样，今天学习“《论语》之孝”后，准备如何行孝。

六、总结“孝”之内涵与价值

1. “孝”之层次：(亲）之孝⟶（国）之忠⟶（道）之敬。

2. “孝”之扩大：（孝）父母⟶（悌）兄弟⟶（友）亲朋⟶（忠）国家⟶（爱）天下。

3. “孝”之价值：学孝⟶行孝⟶爱天下，(修）身⟶（平）天下。

七、“孝”之新思考

1. 孝父母与友父母，你认为这两种关系中哪一种更贴近人性，更贴近你的心灵？

2. 关于“孝”，你认为还有哪些需要重新认识，或者需要辨析的道理？

自主发现，深入思考

——“《论语》之信”教学实录及评课

第一课时

一、初感“信之本义”

（多媒体出示“信”的草书形式。）

师：同学们猜一猜，这是什么字？

生：“信”字。

师：为什么？

生：左边是一个人，右边是一个口，意思是人口说的话就是“信”。

生：人对自己说出来的话要负责，要言而有信。

师：这就是一个“信”字。这节课我们学习的内容就是“《论语》之信”。

（教师板书：《论语》之信。）

师：前面我们已经预习过，现在开始学习。第一，初感“信之本义”。你觉得“信”的本义是什么？

生：诚信、守信、信任。

（教师出示多媒体课件。）

师：大家看，“信”是会意字，本义是人开口许诺，发誓。《说文解字》中说：“信，诚也。”在现代社会，诚信是人应该具备的基本品质。言己所思为诚，践己所诺为信。请抄写这句话。

（教师出示多媒体课件。）

师：谈到“信”，你会想到哪些词语？

生：诚信、信任、忠信。

生：言而有信、信誓旦旦。

师：你会想到哪些事件？

生：想到“三聚氰胺”“三鹿奶粉”事件。

生：想到“地沟油”“苏丹红”事件。

生：想到“瘦肉精”“毒胶囊”事件。

师：刚才大家说的是关于诚信还是不诚信的事件啊？

生：全都是关于不诚信的事件，这说明现代社会中负面信息太多了。

（教师出示多媒体课件。）

师：其实，“信”的意义有很多，请齐读。

生（齐读）：① 动词：本义，许诺发誓，如信誓旦旦。② 副词：忠实坚定，如信守不渝。③ 动词：当真不疑，如深信不疑。④ 形容词：确实可靠，如信而见疑。⑤ 名词：指品质，如言而无信。

师：“信”的主要意义里都含有什么？

生：信用。

师：信用，真实，可靠。今天我们常说的靠谱不靠谱，从某种意义上讲，就是指可信不可信。请大家把“靠谱”这个词记下来。它的意思就是（指多媒体课件）确实可靠，可以信任。

（学生记录词语“靠谱”。）

二、理解“《论语》之信”

（教师出示多媒体课件。）

师：下面我们来理解“《论语》之信”。第一，独立梳理文句，理解“《论语》之信”的基本意思。第二，分组讨论，依据“读原句—说意思—做评价”的顺序进行。具体任务包括：对六个内容分别写小标题；对六个内容分别做出评价；给六个内容分别补充两个实例、两个名句；联系自己的实际谈谈对文句的感想。第三，每组推选两个同学发言，就最有体会的句子（解说）、最有疑惑的句子（提问）、最欣赏的句子（点赞）进行评价。

（学生小组内推荐两个发言的同学，并在小组内进行试讲。教师巡回指导。）

师：请大家发言。

生（吕泽邦）：我有体会的是第15句。原文是“子贡问政。子曰：‘足食，足兵，民信之矣。’子贡曰：‘必不得已而去，于斯三者何先？’曰：‘去兵。’子贡曰：‘必不得已而去，于斯二者何先？’曰：‘去食。自古皆有死，民无信不立。’”子贡问（孔子）怎样治理国家。孔子说：“粮食充足，军备充足，老百姓信任统治者。”子贡说：“如果不得不去掉一项，那么在三项中先去掉哪一项呢？”孔子说：“去掉军备（这一项）。”子贡说：“如果不得不再去掉一项，那么这两项中去掉哪一项呢？”孔子说：“去掉粮食（这一项）。自古以来人总是要死的，如果老百姓对统治者不信任，那么国家就不能存在了。”

生（胡逸轩）：我喜欢第5句。原文是“子贡问君子。子曰：‘先行其言而后从之。’”子贡问（孔子）怎样做一个君子。孔子说：“对于你要说的话，先实行了，再说出来。”我有疑问的是第13句。“子曰：‘十室之邑，必有忠信如丘者焉……’”为什么孔子要说“就是只有十户人家的小村子，也一定有像我这样忠心诚信的人”呢？

生（吕泽邦）：这说明诚信在任何地方都很重要。我们都知道家是温暖的地方，但如果家庭成员之间缺少信任，家就会分崩离析，温暖也会荡然无存。

师：胡逸轩，他的解答你满意吗？

生（胡逸轩）：满意。

师：诚信在任何地方都很重要，在家里当然也很重要。

师：请柯嫒组发言。

（柯嫒对着本组发言的同学做了一个握拳加油的动作。）

生（刘曼丽）：我喜欢“言必信，行必果”这句话，它的意思是，说了就一定守信用，做事一定办到。举个例子，印度人讲究契约精神，有个人在印度帮朋友租了房子，还答应每天帮朋友带走垃圾，后来他把这件事忘记了，结果他的朋友就打电话来提醒他。这就印证了答应别人的事就一定要做到的道理。

生（黄钰琪）：我谈谈对第16句的理解。原文是“子张问仁于孔子。孔子曰：‘能行五者于天下，为仁矣。’请问之。曰：‘恭、宽、信、敏、惠。恭则不侮，宽则得众，信则人任焉，敏则有功，惠则足以使人。’”“信则人任焉”的意思是人如果诚信就会得到别人的任用。现在的社会，许多公司并不会因为你足够诚信就任用你，而有些人凭借金钱贿赂或奉承的话就能被任用，所以，现在的人们并不重视“信”。

师：请黄紫莹组发言。

生（赵晓丽）：我谈谈对第1句的理解。原文是“子曰：‘人而无信，不知其可也。大车无輗，小车无軏，其何以行之哉?’”孔子说：“作为一个人，却不讲信用，不知道那怎么与人交往。譬如大车子没有安横木的輗，小车子没有安横木的軏，如何能走呢?”这让我想到《狼来了》的故事。这个故事告诉我们，如果你不守信用的话，别人被欺骗几次后就不会再帮助你了，就会威胁到自己的生命，后果很严重。

生（吕泽邦）：这个故事的寓意是，如果不守信用，到最后就会没有人帮助你，这样你就会置于危险的境地。

生（胡逸轩）：一个人如果不讲信用，就无法在社会上立足。

师：一辆车，如果没有安装连接横木的东西，是不能走的；一个人，如果不讲诚信，就无法在社会上立足。《狼来了》仅仅是一个故事吗?它其实是对社会的隐喻。你有没有做过这个小孩做的事情?

（学生议论。）

师：请王楷尧组发言。

生（王楷尧）：我来谈对第3句的理解。原文是“子曰：‘弟子入则孝，出则弟，谨而信，泛爱众，而亲仁。行有余力，则以学文。’”孔子说：“弟子们在父母跟前，要孝顺父母；出门在外，要顺从兄长；言行要谨慎，要诚实可信，寡言少语，要广泛地去爱众人，亲近那些有仁德的人。这样躬行实践之后，还有余力的话，就再去学习文化知识。”我对最后一句话比较有感触。就像一个学霸不懂得诚信，不会做人，而一个学渣懂得诚信，懂得做人，二者相比，我觉得诚信比会学习更重要。

（学生鼓掌。）

师：王楷尧的话让我想起了美国的一个博士生，他不是以自己的实力证明自己，而是嫉妒同学的成就，杀害了同学和导师，最终受到了法律的制裁。看来，如果没有好的品德，仅会学习是不行的。

生（彭站）：对于第15句，我有疑问。如果去掉粮食，人就会死掉，国家的人民全死了，国家不也就不存在了吗？

师：谁来回答？

生（吕泽邦）：在这里，孔子只是打一个比方，他的意思并不是不要粮食和军队，而是说如果要在三者中选择的话，他选择诚信，因为他把诚信看得高于自己的生命。孔子认为，诚信并不是虚无缥缈的，有了诚信，就会有财富和粮食。诚信是人活着的根本，是人生的根本，是高于一切的。

生（胡逸轩）：我觉得他说得有些道理。"信"是相互的，百姓要信任统治者，统治者也要不辜负百姓的信任。

师：彭站，你对他的回答是否满意？

生（彭站）：如果诚信真是那么重要的话，为什么我国古代很多次农民起义的原因都是吃不饱、穿不暖呢？统治者无法给百姓提供最基本的生活保障，难道百姓们都快要饿死的时候，要跟他们谈诚信吗？

师：谁能够回答彭站的问题？

生（王楷尧）：国家要守信，这些"信"里面自然包括对百姓生活方面的关心及在百姓生活困难时适当地资助一些。

生（胡逸轩）：百姓相信统治者，当然不是盲目地相信，而是因为这个统治者有着相当的能力，这样的话，军队和粮食都会有的。

生（吕泽邦）：首先，子贡问的是国家，是从国家的角度说的，要有国家就必须先守住诚信。

生（冯晓丹）：统治者要能得民心。

生（彭站）：家是最小国，国是千万家。家庭欲求的小问题也是国家的大问题。当国家受到外来侵犯时，没有强大的武力如何保家卫国？百姓怎么会有安全感？百姓如果没有安全感，就不会信任国家。

师：彭站讲得很好。老师谈谈自己的观点。子贡问怎么治理国家，我觉得有饭吃、军队保护、民心所向这三者都很重要。孔子强调民心所向最重要。“水可载舟，亦可覆舟。”什么时候能“载舟”啊？当然是民心所向的时候。

第二课时

师：上一节课，彭站提了一个很有价值的问题。课间时录像的老师跟我说，你们班的学生好有思辨力啊。的确如此。当然，也有同学对上节课有些同学的观点提出质疑。黄紫莹，你来谈谈。

生（黄紫莹）：我先澄清一下，孔子在这里不是说要去掉粮食和军队，而是在强调诚信的重要性。一个君王能够治理一个国家，说明他有能力。商鞅变法时为什么要立木为信？是为了说明诚信是治国之本。如果一个国家的统治者对百姓不诚信，即使百姓能吃饱又有什么用？比如，国家的统治者今天告诉百姓年底不收税，到了年底却要加倍收税，百姓有什么办法？所以，孔子在这里是说信任比粮食和军队更重要。如果一个国家的统治者对百姓不信任，百姓也就不能种出粮食去供给军队，去打仗，你说是不是？

（学生鼓掌。）

师：彭站，你满意吗？

生（彭站）：非常满意，太满意了。

师：黄紫莹参加深圳市福田区的辩论赛，两次都获得了“最佳辩手”的称号，让我们再次鼓掌！

（全班学生鼓掌。）

师：请邱广发组发言。

生（邱广发）：我支持彭站的观点。以清朝为例，那时很多人都想“反清复明”，可为什么清朝能存在200多年？就是因为粮食充足和军队强盛。粮食充足了，百姓的生活安稳了，就不至于发动起义。清朝前期军力强盛，能镇压农民起义；后期军力削弱，军费也严重不足，已不足以自我防卫，外国列强入侵，打开了中国的大门。另外，当时有很多人吃不饱、穿不暖，所以才爆发了农民起义。从这可以看出，粮食和军队是一个国家的根本。

（全班学生鼓掌。）

师：邱广发说，因为粮食和军费充足，所以清朝前期强盛；因为粮食和军费的减少，所以清朝覆灭了。老师补充的是，后来清朝统治者失信于民，是其灭亡的很重要的原因，所以当孙中山发起革命时，很多人就跟着一起革命了。

生（王楷尧）：这是关于制度的问题，由于古代的封建制度将人们的思想禁锢、钳制甚至是扼杀，所以我认为清朝的灭亡是封建思想造成的。

师：大家同意邱广发的意见吗？

生（彭站）：我想说八个字——削平四夷，定鼎中原。定鼎中原要凭借什么？就是靠强大的武力。有了强大的武力和充足的军费，就算国内有叛乱，也可以及时镇压下去。诚信在一定程度上是有用的，但在强大的力量面前作用很小。粮食和军力等远比诚信重要。

生（冯晓丹）：统治者看到稍微有些叛乱苗头就用武力镇压下去，是没有用的。一个人的力量是有限的，但一群人的力量很大，即使他们遭受几年、几十年甚至几百年的压制，但他们长期积蓄力量，终究会破土而出。秦朝非常强大，可还是被推翻了。所以说，统治者不应用武力镇压，而要让百姓没有反抗的念头。

生（胡逸轩）：听了邱广发的发言，我想说，孔子说这句话时应该是处在和平的年代，所处的国家没有发生战争。如果百姓不信任统治者，国家就不存在了。其实，国家存在或不存在无所谓，换一个统治者罢了，只要百姓存在就可以了。

生（邱广发）：你说孔子当时处在一个和平的年代，其实，当时有100多个国家，战乱不断，没有了军队和粮食，一个国家也就不复存在了。

生（吕泽邦）：最重要的是人民。粮食和军队都是从人民手中来的。如果统治者失信于人民的话，就没有人服从他。商纣王是一个暴君，失信于民，结果涿鹿之战中，军队倒戈向周武王。只有统治者守信于民，才会有军队，才会有粮食。

生（彭站）：孟子说："七十者衣帛食肉，黎民不饥不寒，然而不王者，来之有也。"孟子在几千年前就想到了这个问题。一个国家只要百姓有了安定的生活，哪怕统治者再残暴，国家也能够存在——秦国灭亡是因为沉重的徭役，人民无法负担沉重的税，大家吃不饱、穿不暖，所以才会反抗。国家之间，只有一切以信任为基础，实力对等，才能建立起合作关系。

（全班学生鼓掌。）

师：世界上没有绝对的信任。其实，从综合的角度看，吃饭问题也好，军队问题也好，都包含信任的问题。农民不相信自己国家的统治者，就会跑到另外的国家；士兵不相信自己的将帅，就会倒戈相向。孔子在这里主要是强调信任的重要性、民心所向的重要性。刚才发言的这些同学历史知识、文言知识非常丰富，应该为他们鼓掌。

（全班学生鼓掌。）

师：请刘瀚林组发言。

生（刘瀚林）：我觉得第16句体现了诚信是一种无形的力量和财富。不经意的失信可能会毁了我们一生的名誉。

生（江晶怡）：海尔总裁张瑞敏说，一个企业要永续经营，首先要得到社会的承认、用户的承认。的确，企业对用户"真诚到永远"，才有用户、社会对企业的支持，才能保证企业向前发展。譬如，"全麦面包"畅销的秘诀，就说明了诚信对一个企业来说至关重要。

师：深圳的人为什么喜欢到香港买东西？因为深圳的商品很多都是假冒伪劣的，而香港的商家都很注重诚信。

师：大家认为刚才哪些同学的发言精彩？

生（胡逸轩）：彭站同学，因为他有一种敢于质疑的精神。孔子虽然被尊为圣人，但他说的话也不一定都是对的。我认为孔子太过于理想主义了。

师：敢于质疑权威，他们的精神的确值得赞扬。鼓掌！

（全班学生鼓掌。）

生：黄紫莹的发言很精彩。她讲得很有气势。

师：这就是辩论的风采。

三、深入认识“《论语》之信”

（教师出示多媒体课件。）

师：请结合《论语》中的文句，广泛联系古今中外关于“信”的文句、事例来说明：什么是“信”？请每组选一个同学回答——请没有发言的同学回答。

生：信是企业的荣誉。

生：信是世界上最宝贵的精神财富。

生：信是立足之本、立业之本、立国之本。

生：信是人与人之间沟通的桥梁。

生：信是人的第二生命。

生：信是一种安全感。

师：为什么说信是一种安全感？

生（林晨）：比如说，在一个战争年代，或一个暴君执政的年代，人民可能都想发动起义，只是缺少了一个起义的领导者。这时，有一个领导者站了出来，发动起义，许多人可能都会跟随他。大家为什么会跟随他呢？因为相信他能够带领大家打胜仗，保国家，给人民带来安宁、平静、没有战争的生活，这就是一种安全感。信任是一种强烈的安全感。

（教师出示多媒体课件。）

师：请齐读。

生（齐读）：“信”由单立的“人”与“言”组成，人言并立，意即人要言行一致，言而有信，言必信，行必果，一诺千金；要笃实诚恳，不自欺，亦不欺人。它是契约精神，是高贵的精神追求。

师：要注意，信既有对别人的承诺，也有对自己的承诺。（出示多媒体课件）人为什么要“信”呢？

生：信是心灵的需要。

生：信是沟通的桥梁。

（教师出示多媒体课件。）

师：请齐读。

生（齐读）：诚信是立身之本，诚信是齐家之道，诚信是交友之基，诚信是经商之魂，诚信是为政之宝。

师：美国心理学家马斯洛说，安全感是人的一种心理需要。

师：我们该怎样做到“信”？

生：言而有信。

生：言必信，行必果。

生：不轻易许诺。如果答应了别人的事情做不到，你就成了失信之人。

（教师出示多媒体课件。）

师：请齐读。

生（齐读）：第一，推诚而不欺。就是自己拿出诚心，不欺骗别人，也不欺骗自己。第二，守信而不疑。就是坚守诚信，不怀疑别人。

师：第一条讲的是既不骗别人，也不骗自己。有同学说自己上课时一定要做到怎样，结果做不到，就是骗自己。第二条讲的是不怀疑别人，用人不疑——

生：疑人不用。

师：既然用了别人，就不要怀疑别人。

四、思辨“今日之信”

（教师出示多媒体课件。）

师：“今日之信”存在哪些问题？如何去解决这些问题？“今日之信”如何在当代发扬光大？

生（胡逸轩）：一些官员为了名利不守信，说得出做不到；一些人做工程时偷工减料或以次充好。也许我们应该每日诵读《论语》，“吾日三省吾身”。

生（吕泽邦）：“今日之信”存在很多问题。要解决这些问题，首先要立法，然后大家要有守信的观念。

生（江晶怡）：人与人之间缺乏信任，你对别人好，别人却欺骗你。有人看到老奶奶摔倒了好心去扶，结果却遭到了老奶奶的诬陷。

生（王楷尧）：如果立法，政府强制人们去做，人们就会反感。因为这样做的话，人们的信任并不是发自内心的。立法只会激发人们的不满。

生（吕泽邦）：对于有些人，必须采取强制措施，他们才会有所改变。

生（邱广发）：针对我国国情，立法强制没有用，应该通过长期的教育，提高国民素质。短期内无法实现，长期才能见效。

生（江晶怡）：一定要立法，要不那些好心的人就会吃亏。

生（柯嫒）：怎么立法？没有标准。比如，因为孩子要参加高考，家人瞒着孩子他父亲去世的消息，这是个善意的谎言，你总不能因此就拘留别人吧？所以根本无法界定。

生（刘瀚林）：我感觉有些方面应该立法，而对于柯嫒所说的这种情形，就不用立法。

生（柯嫒）：如果一个贪官收受贿赂，但他都不是用在自己身上，而是用在人民身上，你能说他做得一点都不对吗？

生（胡逸轩）：我觉得应当立法，但不是什么方面的诚信问题都要立法来解决。

师：老师说说西方国家的一些情况。假设一个人闯了红灯，他就会有不良记录，就会影响他以后的生活。如果一个人在银行贷款方面有不诚信的记录，他今后就无法贷款。以前在中国开车闯红灯的情况比较多，现在好多了，为什么？因为有记录。所以，要解决某些诚信方面的问题，立法是必要的。

五、反观“我之信”

（教师出示多媒体课件。）

师：联系《论语》中的文句，联系自己的实际，谈谈自己以前在“信”上做得怎样，是否“在己为诚，待人以信”，今天学习“《论语》之信”后，你准备如何做到“信”。这个留作课后作业。

六、总结“信”之内涵

（教师出示多媒体课件。）

师：“信”之精神——

生：契约精神。

师：“信”之层次——

生：在己为诚（“自”）信、待人以（“互”）信、对众以（“公”）信。

师：“信”之价值——

生：立身之本、齐家之道、交友之基、做事之魂、治国之宝。

七、“信”之新思考

师：请用一句话表达你的学习感受。

生（王楷尧）：信乃立身之本、为人之道。以信待人，既可以提高自身的修养，又可以获得别人的信任，何乐而不为呢？

生（刘瀚林）：你以诚待人，别人才会以诚待你。

师：投桃报李。

生（柯嫒）：我要做一个谦虚守信的人。

生：信用是无形的财富。

师：下课的铃声响了。谢谢大家！下课！

深圳市新安中学特级教师吴泓在听课后做出了这样的评价：

《论语》一书，内容博大精深。王自成老师教“《论语》之信”，抓住一个“信”字，教学的切入点很好。教学以“信”字释义开始，既重视对学生基础知识、基本技能的训练，也是一种文化的浸染和熏陶。集中学习《论语》中与“信”相关的片段，对引导学生初步阅读《论语》一书来说，是一种很好的方法。读原句，说意思，做评价，层层递进，由表及里。而做评价的环节包含拟题、举实例、举名句、联系自己的实际谈感想等，既能训练阅读能力，又能迁移表达，很好！从整节课来看，学生的表现令人欣喜。教师主导，学生主体，处理得很好！王老师在课程设置、教学的预设与生成方面都做得很好，是一位优秀的教师！

第四节 选用活力途径，唤起学生的心灵共鸣

节目预告，高效课堂的点火剂

——对课堂教学的一种思考

闲暇时，我特别喜欢看一些连载的电视节目。这些节目在播出时常常使用这样一种技巧：每次节目最后都要进行下次的节目预告，而且总是精选下次节目中最精彩、最扣人心弦、最吸引人的情节和画面来播出，让急于了解下次节目内容的观众先睹为快。这些节目预告就像“犹抱琵琶半遮面”的“琵琶女”一样，既让观众看到了下次节目的部分精彩内容，又留下了悬念，吊足了观众的胃口，激起了观众继续欣赏节目的欲望。每次节目的最后都有这样的节目预告，观众就会在不断产生悬念又解开悬念的过程中饶有兴趣地一直观看节目。

反思我们的课堂教学，不也可以在一节课快要结束时进行“节目预告”，从而吸引学生饶有兴趣地继续学习吗？前不久，我观摩了山东省兖州市第一中学的“循环大课堂”教学活动后，对此更是有了深刻的体会。可以说，他们把“节目预告”的效用发挥到了极致。他们的课堂分成两个时段：前35分钟，学生展示上节课的学习成果，师生共同点评；后10分钟，进行下节课内容的“节目预告”，既有教师对学生学习热情的激发，又有引导学生依据导学案自学下节课内容的预习指导。

以语文课为例，一位教师执教《归园田居》（其一）时，在课堂最后10分钟开展了这样的教学活动。

第一，用富有激情的语言调动学生的学习热情。教师说：“朗朗乾坤，谁能挣脱名利缰索的羁绊？滚滚红尘，谁又能拒绝高官厚禄的诱惑？但在中国文学史上就有这样一个人，他有官不做，乐居田园，用心灵抒

写了一曲曲动人的绝唱，他就是中国著名的‘隐逸诗人之宗’——陶渊明！今天我们吟诵他用心灵写成的绝唱——《归园田居》，感受他独特的人生情怀！大家要认真预习，下节课展示各自的学习成果。我们要比一比，看哪些同学、哪些小组最理解陶渊明，学习效果最好。”

第二，进行具体的预习指导。教师通过导学案，帮助学生明确学习的目标、内容、程序，对不同层次的学生提出不同的学习要求，给学生提供必要的参考资料，并针对教学难点进行学法指导。比如，针对导学案中“诗歌的前八句交代了什么内容，体现了诗人怎样的情感”这个问题，教师提示学生要结合具体诗句，抓住“韵”“性”“误”“尘网”“羁鸟”“池鱼”“守拙”等重点字词进行赏析，为学生独立解决问题“铺路架桥”。

有了这样的“节目预告”，学生不仅学习热情高涨，而且明确了自学的任务和方法，做到了学有热情、学有章法，这样学生就会在课后按照要求认真学习，并在下节课中充分展示学习的成果。如此循环往复，就能实现高效教学。

兴趣是最好的老师。电视上的“节目预告”充分调动了观众的好奇心和欣赏热情，而课堂最后 10 分钟的“节目预告”也充分调动了学生的学习热情，而且利用这 10 分钟还能对学生进行预习指导。山东省兖州市第一中学的一位老师称：“这 10 分钟的教学活动是为下节课的成功‘点火’。”这句话真正道出了课堂中“节目预告”的独特作用。有了这充分的“点火”和“预热”，学生就会在课下让“学习之火”继续“燃烧”，直至下节课中充分展示自己的学习成果。

课堂上的“节目预告”，成了高效课堂的点火剂。

写中学文言

——文言创意学习一法

文言文教学一直是语文教学的难点，总是让许多老师感到头疼。通过研究富有生命活力的文言文教学方法，我发现，运用文言来写作，能够很好地促进学生相关能力的提高。

在第七册的《新撰国文教科书》中，我看到一篇很有趣的课文，名为《水仙花》：

早春时，窗下置水仙一盆。父命二子，各作短文记之。兄之文曰："水仙为多年生之草。叶细长，有并行脉。茎生于叶丛之间。花为伞形，其色白，别有杯形之副冠，色黄。其地下茎为块状。"弟之文曰："今有仙子，姿态楚楚。带袅，裙长，凌波无语。名曰水仙，真无愧也！"父见之曰："兄所作，科学家之文，弟所作，文学家之文也。"

我认为，文中的父亲循循善诱，"科学家""文学家"之赞誉恰到好处。教师如果能以此文为例加以引导，相信学生也能写出像样的文言文片段。

而广东番禺三区南田小学黎寿泉所写的《春日游公园记》亦很有趣：

星期之日，偕友某君作公园之游。时则春风和煦，园花盛开，草木青葱，群鸟飞鸣，游目骋怀，至足乐也。至音乐亭畔，闻有乐歌之声，自放音机出，因与某君驻足听之。既而环游公园，乃知放音机之设，遍于园中。公园之大，一人歌之，千万人得而听之。与民同乐，其斯之谓欤？游罢归来，因为之记之。

这段文字优美生动，意境甚美。这样的文字学生喜欢写，也喜欢读，自会乐在其中。

再如，四川郫县县立第四小学李冀写的《记地震》：

民国二十二年，七月五日。余正伏案潜修，忽闻屋宇有轧轧之声。因出户视之，则见树木倾斜，花草摇动，溪水有汹涌之状，墙垣有簸动之形。吾方惊诧，觉地面簸荡，若乘舟而涉波涛者，噫！奇异哉，非地震欤？因思夫震撼之大，时间之久，为前所未有者。不数日，友人告余曰，前日地震，茂县以上之大山崩颓，压死人民，不可胜数，岷江上流，为之壅塞。

余因之有感焉。吾人处此安全之地而不受地震之灾，岂非吾人之幸福乎？虽然，中华四面受敌，外人协以谋我，国势飘摇，视地震尤烈，吾人不得狃于目前之安全而忘土崩瓦解之危险也！

此文记叙的是1933年7月5日发生的四川茂县叠溪地震，从文中的“树木倾斜，花草摇动，溪水有汹涌之状，墙垣有簸动之形”可以看出，郫县震感非常强烈。小作者不仅为我们保留了一段史实，而且，文末由地震而生发的感叹更是发人深省。联想到2008年四川汶川地震、2013年四川雅安地震，我对四川地震历史的由来有了更清晰的认识。这样的文言写作言之有物，记之为史，学生愿意写，也愿意读，自有其重要意义。

我们应该要求学生在理解文言文的同时写作文言文，通过写作的方式学习文言，可以师生同写，可以命题写作，也可以自由写作，让学生逐渐通过写作的方式学会运用文言，将文言的思维方式内化为学生的思维方式、思想方式，乃至生命行走的方式。

学生通过文言写作，既可以熟悉文言知识，又能够切实提高文言运用的基本技能，真正学会运用文言。由此，我联想到杜威的“做中学”思想，联想到陶行知的“教学做合一”思想，联想到目前国内大力推广的“写中学”理论，认识到通过写作学习文言的确是一种富有生命活力的有效方法。

博客教学，“生命语文”的别样绽放

——评博客教学“材料作文的审题立意”

信息技术的迅猛发展为语文教育注入了新的生命活力。博客教学、微博教学等已经成为颇受学生欢迎的教学方式。我校秦建新老师采用教学博客上的“材料作文的审题立意”一课，充分践行着“生命语文”的教学理念。

一、教学过程还原

教学目标：阅读顾城的诗歌《小花的信念》，然后根据要求完成作文的审题立意。

小花的信念

顾　城

在山石组成的路上
浮起一片小花
它们用金黄的微笑
来回报石头的冷遇
它们相信
石头也会发芽
也会粗糙地微笑
在阳光与树影间
露出善良的牙齿

学习过程分为两步。第一步，提炼材料主旨。首先，学生朗读诗歌，在“小组主旨提炼”博客评论中，以“回复”的形式自主提炼材料主旨并递交。其次，小组成员参与组长组织的小组口头探究活动，各小组在“班级主旨提炼”的评论中，以“回复”的形式递交小组探究结果。再次，阅读“班级主旨提炼”中的内容，参与教师组织的班级口头探究活动，全班学生共同开展探究材料主旨的活动。第二步，审题立意。首先，联系自己的人生体验，自主思考作文的审题立意，在“小组审题立意”的评论中，以“回复”的形式递交自己审题立意的内容与方法。其次，开展小组探究活动，合作思考作文的审题立意，参与组长组织的小组口头探究活动，各小组在“班级审题立意”的评论中，以“回复”的形式递交小组探究结果。再次，开展班级探究活动，合作思考作文的审题立意，参与教师组织的班级口头探究活动。

课堂上，学生在教师博客的内容要求和教师的口头指导下，先自主学习、回复博客；然后在小组内讨论并集中意见，形成小组回复意见；最后在班级讨论中形成班级整体的回复意见。教学程序有条不紊，高效有序。就这样，由个人意见到小组意见，由小组意见再到班级意见，完成对材料的主旨提炼和审题立意，最大限度地发挥了学生的积极性和主动性。我们看到，所有学生都端坐在电脑前认真思考并积极表达，大家在小组内热烈讨论，互相察看其他同学的回复，写出自己的思考；各小组汇总本组同学的集体智慧，提交小组意见；在教师的组织下，全班学生共同讨论各小组的意见，最后形成全班的整体意见。

二、观摩感悟

从文本教学、博客教学、人生语文教学三个维度来看这节课，我认为它充分体现了“生命语文”的教学理念。

（一）文本教学：充分挖掘文本的生命内涵

“生命语文”理念认为，文本不是毫无生机的东西，而是富有生命质感的活物，是富有情感、理智、思维、逻辑等重要生命元素的生命体。教学语文，就要把文本的生命内涵挖掘并提炼出来。学生通过反复朗读和揣摩诗歌，提炼出了诗歌的主旨，有了新的认识。第一，只要有信念，就算是石头，也会发芽。诗歌中把“石头”和“小花”拟人化，用“微笑”“回报”“相信”“善良”等词语突出了“小花”的信念。“小花”相信，只要坚持对“石头”微笑，一定能让“石头”发芽。这体现了信念的重要性。我们应该像“小花”一样，在面对困难的时候不能气馁，要以坚定的信念、积极的态度面对世界和人生，这样最后一定会有好的回报。第二，我们要用一颗善良、温暖的心去对待身边的人。“小花”用“金黄的微笑”来“回报石头的冷遇”。就算“石头”的外表很冷，相信它也会被“小花”的善良所感染。诗歌中“石头”前后表现的变化，衬托出“小花”的乐观给别人和世界带来了幸福与温暖。诗中的“小花”象征了作者美好的内心，流露出作者对生活积极向上的态度：拒绝冷漠，用一颗善良的心对待身边的人。这样，诗歌的生命内涵被挖掘出来，诗歌所流露出的丰富情感拨动着每一个学生的心弦，让他们透过诗歌的意象触摸到“信念”“温暖”等富有生命力的词汇。

（二）博客教学：充分实现生命之间的交流沟通

“生命语文”理念强调，语文教学要充分实现生命之间的沟通与交流，最大限度地实现信息、情感、思想的交汇、碰撞、生成。博客教学这种富有生命活力的教学形式能够比较充分地体现这一点。在博客教学的课堂上，学生依据教师在博客上撰写的要求，进行博客写作的展示、交流与思想碰撞。这种交流与传统课堂上的交流的不同之处在于：

第一，记录痕迹性。传统的语文课堂尤其是阅读教学课堂，学生只是进行口头的交流，学生的发言往往没有保留下来。而博客教学的课堂会留下每个学生、每组学生、全班学生的反复、多向、互动交流的痕迹——交流的文字将永久性保留在教学博客里。

第二，参与广泛性。在传统的课堂上，学生的发言只能是个别发言，无法照顾到全体学生。而在博客教学课堂上，每个学生都能参与其中，一节博客教学课上有 100 多人次的发言是很平常的事情。

第三，思想碰撞性。传统课堂可以部分实现生生之间、组组之间、全班学生之间的思想交流与碰撞，但因为空间（学生们不可能全部坐在一起）、时间（除课堂 45 分钟外没有更多的时间）、学生声音条件（许多学生同时发言时，其他学生很难同时听清所有人的发言）等的限制，这种思想的交流和碰撞是非常有限的。博客教学能够更大限度地实现学生的自由发言与交流，每个学生都能够瞬时看到其他人的发言，并进行即时的交流。

第四，互相激发性。在博客教学课堂上，因为每个学生都能够瞬时看到其他人的发言，这就营造了一个学生争相发言、表达观点并最终实现生命共振的交流场。

第五，课程延展性。传统课堂虽然也可以将教学内容延续到课后，但这种课后的延续学习往往是流于形式、难于操作的。博客教学由于有存在的痕迹，学生可以在课后通过登录博客温习课堂上学习的内容，查看所有人的发言，发表新的看法；教师也可以重新浏览所有学生的发言，对大家的学习情况进行点评、跟踪等，能真正地将课堂延伸到无限广阔的时空，并成为以后不断学习的课程。秦建新老师就是在不断运用以往的课程创造新的课程，从而将博客教学的课程构建成了一种动态的课程。

博客教学是一种富有生命活力的教学形式，它不仅能够提高学生的学习效率，构建动态的语文课程，还能够增强学生的自信心，培养学生的交流意识、合作精神，实现学生自我的生命成长。

（三）人生语文教学：充分实现语文的生命意义

在秦老师的课堂教学环节设计中，第二步是审题立意。学生通过独立思考、小组讨论，形成了许多不同的意见。

站在“小花”的角度，我们可以这样立意：“微笑，即乐观”“用微笑融化他人”“融化石头”“笑看人生”。人生之路并不是一帆风顺的，有起有伏，有失落有惊喜。在这个世界上，我们会遇到各种各样的事、形形色色的人，这些事有时是困难的，这些人有时是冷漠无情的，我们应该像“小花”一样用微笑和乐观的心态面对。面对身边人的冷漠疏远，很多人都感到失落，甚至变得一蹶不振。其实，我们可以用微笑感化身边的人，让他们感受到这个世界的温暖。微笑是一种生活态度，一种乐观向上的精神，与其为了身边的琐事而烦恼，不如笑看人生。要相信，爱会在微笑中不断传递。我们要从“小花”用“金黄的微笑”面对“石头的冷遇”的现象中，思考现实人生中的问题，不惧困难，从容面对逆境，积极应对人生的挑战。要不灰心，不气馁，坚持自己的信念。只要用心去付出，终会有好的回报。

站在“石头”的角度，我们可以这样立意：“石头开花了”。以“用善良之心对待他人”为主题来写文章，按照“是什么”（要用一颗善良而坚定的心去对待他人）—“为什么”（我们善良的帮助，有可能会使他人克服困难）—“怎么办”（如何从身边入手帮助他人）的思路来写。秦老师也谈了他自己的立意：“诗中的‘小花’面对‘石头’的冷漠，却依然满怀关爱，让我想到了顾城的诗‘黑夜给我黑色的眼睛，我却用它来寻找光明’，是啊，‘小花’是友善的，对别人充满关爱，正如我们可爱的总给大家带来快乐的邻家小孩一样，正如生活中的许许多多给别人带来幸福和快乐的人一样……”

课堂上，教师引导学生走向自己的心灵，走向人生，促使学生由对文本主旨的理解，到提出自己的人生见解，教师也适时说出自己的生命感悟，带领学生一步步由文本走向人生。

课后说课时，秦老师说，自己进行博客教学的最大感受是，从以前传统语文课堂的“陪太子读书”到现在博客教学的“做学生的读书伙伴”，使学生在课堂上真正实现由被动学习者到主动学习者的转变。是啊，秦老师的博客教学深挖文本的生命内涵，实现学生之间的生命交流，带领学生由文本走向生活、走向人生，充分彰显了“生命语文”课堂的无穷魅力，非常值得学习与推广。我又想，语文课程改革最根本的是学习内容的改革，如果能够使这种课堂形式的改革与学习内容的改革同步进行，更容易真正实现语文教学的腾飞。

第五节　进行生命写作，促进学生的精神成长

走在成为“君子”的路上

——以写为径学《论语》

同事告诉我，教学《论语》，讲述孔子的故事，学习课本上的十则语录，又补充几十则让学生背诵，但学生收获不大。对初中生来说，《论语》看似简单，实际上内涵博大精深，语言晦涩难懂，一般的知识性学习往往是隔靴搔痒，很难触及学生的心灵，无法帮助学生实现精神成长。

对于《论语》所描述的“君子”境界，我们“虽不能至，心向往之”。对于追求个性、崇尚自由的当代学子，《论语》其“仁”之核，其“礼”之用，其“君子”之道能否真正走进学生的心灵，内化为学生的精神呢？

我决定在七年级开设《论语》课程，通过阅读理解《论语》中的相关内容，联系生活理解《论语》中蕴含的思想，写作小论文融汇《论语》精神，改变学生的精神品质和生命状态，引领学生走在成为“君子”的路上。于是，我设计了生命语文课程《走在成为“君子”的路上——以写为径学〈论语〉》。

一、教学准备

（一）确定教材版本

七年级的学生文言文知识基础薄弱，初次接触《论语》，很难读出原文的微言大义。通过比较，我决定选用李元强、卢晋主编的《论语鉴赏》。这本书按照原文、注释、译文、要旨这样的体例编排，注释、译文

非常详尽，要旨点拨简明扼要。

（二）选定内容

《论语》的内容博大精深，结合学生的实际情况，我们选定阐述“学”“仁”“礼”“过”“孝”等的文句作为学习内容。这些内容容易焕发学生的生命激情，激起学生的心灵共鸣，让学生有话可说，有思想可以表达。

（三）明确方法

结合个人经历理解文本内容，联系生活提炼文本思想，通过写作深入理解文本精神，通过交流和分享共同提升境界。

二、学习路径

（一）“素读”原典

学生不借助任何资料，直接“素读”原文，基本理解每句话的意思及其所蕴含的思想，形成自己的认识和观点，然后对照注释和译文进行准确的理解与翻译。李元强、卢晋主编的《论语鉴赏》，原文、注释、译文、要旨俱全，便于初学者学习。但学习时，教师要引导学生既充分利用注释、译文、要旨来理解原文，借鉴书中的观点，又不囿于此书的视角，而重在通过逐字逐句的“啃读”原文内容，使每个学生形成自己的理解与认识。

（二）精要点拨

读完原文之后，教师应结合要旨引导学生深入理解原文。重在理解语句的最基本意义，切忌因过度解读而限制了学生的思维。

（三）联系印证

针对原文中的句子，联系实际生活和其他相关书籍、思想、名句等进行广泛而深入的学习，要求学生必须用自己所知道的名言警句、生活实例从正面或者反面对原文进行诠释。教学过程中可要求学生以李元强、卢晋主编的《论语鉴赏》评注为对话对象，展开多重对话。这应该是本体已立之后的“众声喧哗”，它既是有根基的，又是开放而自由的。

（四）写作论文

要求学生将学习心得写成一篇文章，文章要有题目和明确的中心。这是以“写”来完成对“读”的总结，是一种从言语到精神的综合性提炼与升华。在15个课时的学习中，每两三次教师就会布置一篇小论文写作。

此种学习宜“深”不宜“浅”，宜“入”不宜“浮”，宜“精”不宜“泛”，宜“说”更宜“文”，每课时学一两则语录即可，学习时应循序渐进。

三、课堂剪影

第一节课，我们在诵读“学而时习之”中开始了《论语》学习之旅。

我首先结合原文讲解“学而”三境界：从“学子”到“友人”，再到“君子”。“习”的本义就是鸟儿不断扇动翅膀，练习飞翔。它有三层含义：反复研习，“啃读”知识；学以致用，解决问题；不断学习实践，使生命保持空灵、开放的状态。

然后，我让学生联系生活谈对“习”的理解。学生原来只知“温习”之意，联系原文内容与实际生活后，明白了学习的重要方法是“不断演练和实践”，对“习”的理解更加深刻了。

最后师生总结：作为学子，就要不断“学”，反复“习”，让“学”与“习”贯通血脉，融汇心胸，充盈生命，一点点积淀、蕴蓄，让贫瘠的生命土地沐浴知识的雨露和精神的阳光。

每次上课，学生初学原典时总觉得有一定难度，这对抽象思维能力不强的七年级学生来说是正常的事。学生结合生活进行诠释和讨论时，往往会引发激烈的争论：有的学生赞成《论语》中的观点，有的学生极力反对，而且会用《论语》中的语句捍卫自己的观点。有时课堂上甚至会爆发激烈的争吵与冲突。而学生的精神就在这一次次的《论语》学习中慢慢地发生着变化，这种变化最终在每次学习之后的小论文写作中得到体现。

让我们来看几个教学片段，感受学生心灵的碰撞与震颤。

教学片段一

在学习“温”“良”“恭”“俭”“让”时，一位当副班长的女生受到几位男生的“攻击”，说她对同学不够“温”“恭”“让”，因为他们经常被她“吼”。她气得眼泪都掉下来了，一拍桌子站起来针锋相对地说：“对待那些不遵守纪律的同学就不应该客气!”教室里的气氛十分紧张。我微笑着对几位男生说：“用‘温’‘良’‘恭’‘俭’‘让’评价自己现在的行为，你们觉得怎么样?”他们都默不作声。其中的一位男生小声地说：“我们没做到‘温’。”我又把目光投向那位当副班长的女生并说：“我们对那些犯了错误的同学要不要‘温’‘恭’‘让’呢?”她也不再说话，若有所思地低下了头。

在课后的小论文中，那位当副班长的女生写道：

刚学《论语》时，我不理解老师的良苦用心，还会顶撞老师，经常与同学发生矛盾。学了一部分内容之后，我才深感《论语》的重要性，知道了“夫子温、良、恭、俭、让以得之”。一个优秀的人，要温和仁厚，不暴躁刻薄；说话要直白如云，开口见心；做人要耿直和善，对人恭敬谦逊；平时要节制收敛，不放肆。对于上面的每一点，我都没有完全做到。我有时待人很刻薄，这个习惯必须改正。

一个在课堂上指责女副班长的男生写道：

我明白了温和、良善、恭敬、节制、谦让，除了本身就是美德外，还能去除暴戾、傲慢、骄奢之气。如果真能做到这些，不仅可以使人际关系更加和谐，还能使知识的获取过程更顺利。我平日只做到了“恭”“让”二字，脾气时好时坏，说话喜欢绕弯子，对人不够收敛，以后我要努力做到这五个字，争取早日成为“君子”。

我欣喜地看到，那简单的几个字正在一点点浸润学生的心灵，转化为他们生命中的精神营养。

教学片段二

如何对待“过错”，这对于学生的成长来说是个重要话题。一次，我们学习《论语》中的“过而不改，是谓过矣”。我组织学生讨论：“过”

为什么很难改？我们讨论了很久，最后总结出原因：一是过错本身不易改；二是要面子不愿改；三是有外力阻挡；四是自己未意识到犯错，他人也未指出自己的错误。

明白了过错难改的原因之后，我们接着讨论改错之法，总结出这样几点：一是请他人监督自己，二是多自省，三是用"幽他一默"之法改错，四是不让他人发现而偷偷改掉，五是以直报怨。

我们班有一个调皮的男孩，上课时总爱讲小话，教师多次教育他，但他从未意识到自己的过错，没有任何改变。在这次《论语》课程的学习中，我在讲台上面讲解，他却拍着同学的肩膀说个不停。我停止了《论语》内容的讲解，微笑着问他："小煜，你要改的'过'是什么呢?"教室里除了他讲话的声音外，其余同学一下子都安静下来，大家都把目光投向他。

顿时，他感受到了不同寻常的氛围，也看到了大家充满期待的目光，马上意识到自己的过错，满脸通红，停止了讲话，并在一张白纸上写下"不准乱说话"五个字，将白纸贴在自己的脑门上，开始专心听讲起来。

课后，那个调皮的男孩在小论文中写道：

在生活中，我经常犯错，但我并没有改正，而是一直小心地将错误隐藏起来，不让他人发现。别人指出来了，我也总是不思悔改，这一点非常不对，因为孔子说过"过而不改，是谓过矣"。今天在课堂上，在大家的监督下，在宁静的氛围中，我意识到自己上课不专心、乱讲话十分不好，我决定改正这个坏习惯，这是一种进步。套用孔老夫子的话，这就叫"有过而改，是谓进步矣"!

学生开始在写作中反思自己以往对待过错的错误态度，行走在成为"君子"的路上。

教学片段三

"与父母的关系"是当今社会的一个不能回避的话题。

在一次家长与学生共同参与的课程中，当我谈到要孝顺就要做到"不违"时，几个学生激动地说："我不同意!"听了他们的话，一个学生的妈妈站起来说：“作为孩子，就应该听从父母的话，这才是有‘礼’!”当副班长的女生一下子站起来，大声地说：“我不同意！如果家长的意见不对，我为什么要顺从？我一定要坚持自己的意见!”

等大家安静下来后，我让大家讨论孩子因与父母发生矛盾而“违”的几种情况及结果。大家明确“违”有三种情况：一是父母做错了，孩子是对的；二是孩子做错了，父母教育孩子；三是两者都有错，或者都无所谓对错。而“违”可能会导致这样几种结果：一是问题不能得到解决；二是使大家心情不好，感到郁闷，甚至影响身体健康；三是导致父母与子女间的关系出现裂痕，影响家庭和谐。许多学生都睁大了眼睛，他们没有想到，自己逞一时之快的“违拗”可能会导致这么严重的后果。

我又启发大家思考：如果“不违”，该怎么做？学生引用《论语》中的“事父母几谏，见志不从，又敬不违，劳而不怨”回答并解释说，对待父母，如果他们有过失，要婉言劝告；如果意见没有被接纳，仍然要尊敬父母，不要忤逆和对抗，要继续努力而不怨恨。

最后大家明确了“违”与“不违”的区别。对待父母的意见，如果选择“违”，多数时候都是既伤害了亲情，又不利于问题的解决；如果选择“不违”，彼此间的关系和谐了，在父母心情好时再委婉地提出意见，也许就能解决问题，即使解决不了问题，也不至于伤害彼此之间的感情，破坏家庭和谐。

学习了《论语》中关于“不违”与“孝”的内容之后，学生们有了不同的收获。

一个学生在作文中写道：

今天学习了《论语》中有关“孝”的内容。我认识到，孔子重孝，要人们对父母尽孝道，无论父母在世或去世，都应如此。孔子还认为，尽孝时不应违背礼的规定，否则就不是真正的孝。可见，孝不是空泛的或随意的，必须遵从礼的规定。课堂上，我们讨论“不违”，老师告诉我们，与父母讨论时，即使父母错了，我们也要尊敬和顺从父母，不与父母争辩。但我不这么认为。我在家里常与父母讨论，也经常跟他们斗嘴，每当我忍气吞声，过几天再与父母说起这件事，他们还是坚持自己的意见，事情并没有完全解决。不过，虽然现在我很难做到“不违”，但我会尽力而为。

另一个学生这样写道：

王老师说，“不违”就是对父母的“敬”，而“敬”本身也是“孝”，因此，“不违”是“孝”的一部分。孔子强调“事父母几谏，见志不从，又敬不违，劳而不怨”。我们这代人多是独生子女，父母“含在嘴里怕化了，捧在手里怕摔了”。母亲对我的过分宠爱，在一定程度上造成我对母亲不“敬”，有时还会与母亲争吵。母亲大多数时候会让着我，但当我无理取闹时也会很生气。现在我觉得这样得不偿失，我自己很委屈，也惹得母亲很生气。母亲生我养我，我很爱她，并不希望她生气，但作为被宠坏的孩子，我还是会忍不住与母亲对抗，造成家里“硝烟四起”。学习《论语》后，我反省自己平时的行为，站在母亲的角度来看，我觉得自己实在很“蛮横”。将来我也会有孩子，若是我的孩子这样对我，我会气成什么样子？母亲平时忍了我多少次，受了多少委屈啊？

还有一个学生这样写道：

学习《论语》之后，我意识到“孝悌”十分重要。我开始反思自己在生活中与父母相处是否做到“孝”与“顺”。我以前总认为母亲脾气不好，导致家庭不和睦。但是现在想想，问题是不是出在我身上呢？我虽做到了“孝”，但还不够“顺”，遇到有争议的事情总会坚持自己的意见而违抗父母。我虽善待父母，但对于“孝顺”，我只是做到了一半，距离真正意义上的“仁”还很远。

透过他们稚嫩的文笔，我看到孩子们对“不违”与“孝”的认识在逐步走向深刻，看到他们精神的变化与成长！

四、教学反思

《论语》课程，就像一缕阳光，照亮了学生的心房；就像一颗石子，在每个学生的心湖激起了一层层涟漪；就像一根导火索，引爆了许多原本隐藏着的矛盾和冲突；更像一剂良药，能够医治每个人心灵深处的病痛与创伤。《论语》不再是遥远时代哲人在荒原上的独自吟唱，而变成了先哲与今人心灵共鸣的载体！

在《论语》课程的学习中，学生写了作文片段。课程结束后，我让学生写1500字以上的学习心得，要求至少引用10句《论语》中的句子，至少列举5个现实生活中的实例（正面或反面）来诠释和说明；必须联系自己的生活，与父母交流心得。学生提交了《君子的行为》《论君子的过错》《漫谈"忠恕"》《仁之根本》《如何达到"仁"的境界》《虽不能至，心向往之》《谈"不违"与"孝"》《知错就改》《我改掉了懒惰的习惯》《〈论语〉中的哲理》《浅谈〈论语〉》《先学做人，再学做文》《君子之德》《学习〈论语〉心得》等作文。从这些稚嫩的文字中我看到，每个学生在学习中思想上都经历了一定程度的挣扎、纠结、提升的过程，他们在对《论语》的吟诵、品味、深思中一点点剥去"旧我"，走向"新我"，生命在一点点成长。

一个学生在作文中写道：

"泛爱众，而亲仁。"比如，我们班的李老师，将我们当成她的孩子一样对待，工作尽心、尽力、尽责。再如，雷锋舍己为人，虽没太多文化，却是一位仁者，值得我们大家尊敬。我觉得这个社会上的许多人比较自私，包括我，我们都没有真正"泛爱众"。要想成为仁者，我们需要改变自己，品德达到一定境界后再学习文化知识，这样才能成为"君子"。若是空有学问，没有仁爱之心，那也不是"君子"。

《论语》的学习就是学生的思想螺旋式上升的过程，就是学生不断习得知识的过程，也是学生"在学文中学做人""在做人中践行文"的过程。我欣喜地看到，以写为径的《论语》课程学习，搭建了课程内容与学生心灵之间的桥梁。《论语》从词句到思想，从言语到精神，正在一点点渗入学生的灵魂，与学生的心灵、思想、精神相融合，学生在不断的濡染与熏陶中提升着生命的境界。

课程结束后，一个学生的妈妈感慨地对我说："以前发愁如何改变孩子对待学习和人生的态度，一直苦苦找不到解决办法。《论语》课程的学习在不知不觉间改变着孩子的生命状态，让我豁然开朗。《论语》课程的学习真是‘及时雨’，非常有意义！”

虽然《论语》课程的学习结束了，但是真正的《论语》学习才刚刚开始。学生这次学习了不到二十则的内容，以后还要进行大量的《论语》原文学习，继续进行相关的小论文写作。真正的《论语》学习是人生的修炼，我们每个人都只是刚刚上路的学习者。

走在成为“君子”的路上，我们一路同行！

直面人生，为时鼓呼

——以“汶川地震”为主题的写作教学思考

一、现场：直面国殇，抒写悲情

2008年5月12日，汶川地震，全国震惊。汶川地震的伤亡情况不断报道出来时，我们一家人经常是一边看电视，一边流泪。当时，我想让在学校住宿的学生也能对地震有及时的了解，就以“汶川地震——历史将永远铭记”为主题，整合相关的图片、文字、歌曲、视频，让学生观看。很多学生一边看一边流泪。画面上，操场上排列的尸体，失去亲人者痛不欲生的神情，救援者冒死搜救和温总理站在废墟上伤心流泪的情景……废墟下的一位用身体护住自己孩子的母亲在生命的最后时刻，通过手机短信给孩子留下的遗言“亲爱的宝贝，如果你能活着，一定要记住我爱你”，诗歌《妈妈别哭，我去了天堂》，歌曲《孩子，快抓紧妈妈的手》，时文《挺住汶川　挺住中国》等，无不使学生受到了难以忘怀的精神洗礼！鲜活的“生命语文”激起学生心灵的共鸣，学生沉浸于为同胞哀伤、为民族鼓呼的情绪之中，他们难以抑制心中的情感，拿起手中的笔，写下了许多催人泪下的文字。

剪影一：生命脆弱啊，珍惜！

看完电视，我并没有离开。“记得我和爸爸的模样，来生还要一起走”，温馨而又令人心颤的旋律回荡在教室。我的脑海里不断浮现灾区的场面，内心久久不能平静，泪水从微闭的眼中流淌下来。教室里，几名女生早已泣不成声。一名学生现场写道：

当我看到一名中年男子背着自己相濡以沫的妻子的尸体，骑着摩托车艰难地向火葬场驶去时，我哭了。曾经和自己山盟海誓说永不分离的妻子，突然之间就没有了，耳畔再也不会有她虽絮叨却又温情的唠叨，回到家里再也不会有温热的饭菜，月圆之夜她再也不会伴自己度过……所有的一切，被剥夺得只剩眼泪……即使所有的一切可以补救，心上的伤疤又如何消除？其实，身边自己爱的人和爱自己的人对我们来说非常重要。现在他们在你眼里或许并不特别，那只是因为你没有失去他们而已。想到这儿，我给父母发了短信：爸爸妈妈，我爱你们！顿时，爱意充满我的心田。我曾看到过这样一句话：就世界而言，你是一个人；但对某个人来说，你却是他的整个世界。对父母而言，孩子就是他们的一切！这场地震所带来的铺天盖地的心痛向我袭来，将我吞噬。我们真的要学会珍爱生命，品味幸福。

学生描述得真切，种种情景如在眼前；抒情真挚，让人很容易产生共鸣。突如其来的灾难，残酷的现实，让这些涉世未深的学生学会了珍爱生命，学会了珍惜亲人。

剪影二：心灵如冰啊，融化！

到处都是断壁残垣，到处都是废墟瓦砾，到处都是一片灰色。天地之间，在大片的灰色之中闪光的是，消防员的黄色，医生的白色，志愿者的红色，是一种又一种生命的颜色。他们用自己的生命，撑起了灾难中人们的生命天空。

有学生在作文中写道：

我轻轻地拭去了脸上的泪水，因为我想到了真爱，这个世界因真爱而变得温暖，这个季节因真爱而变得壮美！我们每一个中国人都心连心，手拉手，肩并肩，同风雨，共患难，让爱溢满人间。我曾以为自己已经坚强或漠然到永不会哭泣，在电视上看到地震后的场景时却发现有时真的控制不了自己的情绪，太惨烈了，这些是生命里不可承受的痛苦，除了流泪，我找不到其他方式来释放这压抑而痛苦的心情。我的眼泪一次次流下，皆因一次又一次地被感动着——被人与人之间的爱感动着，被责任感动着，被中华民族强大的凝聚力感动着，被不屈的生命奇迹感动着……

学生看到了生命的脆弱，也看到了人间的真情。我给涉世未深的少年上了生动的一课，融化了他们心头的坚冰！无数次的感动，源于学生有一颗大爱之心！

剪影三：我与祖国啊，同呼吸！

2008 年 5 月 19 日 14 点 28 分，我们学校的全体师生站在灼热的太阳下哀悼汶川地震中的死难者，三分钟揪心的鸣笛声，如一把刺刀在我的心头乱搅。那个时候，整个校园异常安静，仿佛所有的生命都已停止，只有泪珠落地的声音。

有学生在作文中写道：

那一刻，我心痛得无法呼吸，耳畔回旋着“轻轻地捧着你的脸，为你把眼泪擦干”。我想握着你们的手，充满爱心的善良的人们。灾难无情人有情！救灾是所有爱国者的动员令！几天来，无数华夏儿女都行动起来了！中华民族“一方有难，休戚与共”的文化品质，再次化作携手同心、众志成城的救灾决心和勇气！你们的爱与真情，让灾区的人们告别了可怕的梦魇，让他们重新树立起生活的信心，让破碎的天府之国重新沐浴温暖的阳光！

“华夏儿女”“中华民族”“休戚与共”“携手同心”“众志成城”，这些已不仅是闪光的词语，更是“中华民族的力量”！最后一句写出了人间大爱的巨大力量，近似直白的语言表述却收到了真挚感人的表达效果，直击我们心灵中最柔软的地方。

电视屏幕上，身穿绿色军装的人民子弟兵不顾自己的生命安危，在暴雨中抢救受伤人员。一位善良而执着的战士跪在地上，声嘶力竭地喊着：“我还可以再救一个！”

有学生在作文中写道：

我想握住你的手，可爱的解放军战士！“壮士壮举赴汶川，起死回生人十万。寰球当颂神州歌，惊天动地挽狂澜。”前方的解放军战士不分昼夜地抢救被困群众，后方一支又一支救援队伍随时整装待发，再次向全世界证明了中华民族的伟大品格：血浓于水、休戚与共、临危不惧、愈挫愈勇、万众一心、众志成城！男生要坚强，女生不要哭。让我们擦干眼泪，经过这些让我们不得不流泪的事，学会坚强，学会勇敢面对。只有贡献自己的力量，建设灾区人民美丽的家园，才能祭奠同胞的亡灵，愿他们安息……

军人那跪地的姿态，那嘶哑的声音，就是一座不朽的丰碑！这篇文章字里行间充满了自己对军人的无比崇敬之情。灾难激发了人性中最为美好的一面，也激发了中华民族最为伟大的潜质。正因为如此，尽管我们泪流满面，尽管我们悲伤痛苦，但我们不会颓废绝望。更重要的是，在流过泪后，我们会重新拾起奋勇前行的信心和勇气！

二、反思：千古文章，为时而著

1000多年前，诗人白居易提出“文章合为时而著，歌诗合为事而作”的创作口号，它成为一面旗帜，始终飘扬在历代文人心中。今天，“为时而著”对广大学子而言，体现的是对现实社会的一种关切，以及对改造社会、促进社会进步的一种责任感和使命感。作为教育者，我们应该引导学生关注时代和社会，关注现实人生。

古往今来，做到“为时而著”的虽不乏其人，但可以肯定地说，更多的人是虽有“为时而著”之心，却未必有真正的“为时而著”之文。究其原因，就在于要想真正做到“为时而著”，就必须倾听时代的足音，呼吸时代的空气，把握时代的脉搏，让自己的心和着时代的节奏一起跳动，真正用心去感悟时代之魂，体验时代之事。

在上述作文教学实践中，面对发生在当代、发生在祖国、发生在身边的重大事件，学生悲痛着、感动着、震撼着、思考着，他们有话要说，有事要写，有情要抒，有感要发。教师与学生一起感受，一起理解，一起悲痛，一起抒写，抒写时代的悲痛，抒写国家的哀伤，抒写人生的感慨，心之所感，言之为文，“情动于中而形于言”，“为时而著”，与时代、与祖国同呼吸、共命运，铭记时代，铭记历史，情感动人，入史为文！

三、评价：高考命题，为时鼓呼

2008年，全国高考作文以汶川地震相关事件为核心材料命题。而一些教师却对此命题立意提出批评意见，认为高考作文不应该直接以当年的事件为材料来命题。

高考过后，大家评论不一，有人称赞，有人抨击。抨击者说，高考应该避免出当年的热点话题。而我认为，高考是为国家选拔人才的一次考试，如果我们选拔的人才连这样重大的事件都不去关心，只是知道读死书，这样的人将来能为国家和人民做些什么？真正的好文章不是“写”出来的，而是从心底流淌出来的。汶川地震作为中华民族的重大灾难，将会在历史上留下深深的烙印，广大学子应该深切关注这一重要事件并做出自己的思考。

同情也好，关注也好，脆弱也好，坚强也好，为同胞伤心流泪也好，做出深层次的思考也好，总之，我们中华民族的每个人，尤其是即将担负国家前途命运的每个学子，都应该对这样一个重大事件做出自己的回应。这样重大的民族灾难，给我们的人民和国家带来了无尽的痛苦，也必然应该为我们带来更多的思考、情感的共鸣、民族凝聚力的增强。对于这样的作文命题，学生在行文时很少会跑题，存在的更多的是表达情感是否酣畅充沛的问题，是思考是否深入独到的问题。这样的命题更利于每个学生做出自己独特的表达。

有人说，出这样的题目，有命题政治化的倾向。我不这样认为。我们做事情为什么一定要上纲上线，重要的不是作文命题是否政治化，而是引导学生关注社会、关注生活、关注国家、关注时代，做一个有责任感和使命感的人；是让每个学生都有话可说，有事可写，有情可抒，有思想要表达。许多教师认为，这个高考命题与时代紧密相关，能够引导学生关注国家和民族的命运，接受爱的教育和灵魂的洗礼。

试想，如果我们培养的只是“读死书，做死题，写死文”的人，我们的教育还有什么价值和意义？从学生所写的大量文章中，我们可以看到当代学子在民族危难之际体现出来的大爱精神。我当年教高中二年级，在汶川地震发生后的那段时间里，学生看了许多有关资料，抒写感想，参加哀悼仪式，每个学生都被深深地震撼着，大家的同情心、爱国情感、民族精神都被极大地激发出来，受到了一次深刻的教育。

语文是生命，是灵魂的触动，是精神的凝聚。“文章合为时而著”，写文章要直面现实人生，为时代鼓呼。这些我们面对时代生活，用生命写就的文字就是最好的注释。

主要参考文献

[1] 王荣生．语文科课程论基础（第二版）[M]．上海：上海教育出版社，2003.

[2] 王开东．非常语文课堂 [M]．上海：华东师范大学出版社，2006.

[3] 余映潮．听余映潮老师讲课 [M]．上海：华东师范大学出版社，2006.

[4] 郭初阳．言说抵抗沉默：郭初阳课堂实录 [M]．上海：华东师范大学出版社，2006.

[5] 叶嘉莹．唐宋词十七讲 [M]．北京：北京大学出版社，2007.

[6] 李吉林．李吉林与情境教育 [M]．北京：北京师范大学出版社，2006.

[7] 窦桂梅．窦桂梅与主题教学 [M]．北京：北京师范大学出版社，2006.

[8] 赵谦翔．赵谦翔与绿色语文 [M]．北京：北京师范大学出版社，2006.

[9] 程少堂．程少堂讲语文 [M]．北京：语文出版社，2008.

[10] 邓彤．邓彤讲语文 [M]．北京：语文出版社，2008.

[11] 黄厚江．黄厚江讲语文 [M]．北京：语文出版社，2008.

[12] 李卫东．李卫东讲语文 [M]．北京：语文出版社，2007.

[13] 王崧舟．王崧舟讲语文 [M]．北京：语文出版社，2008.

[14] 余妙霞，黎志新．高中新课程教学策略与备课指南（语文文言文与实用文体）[M]．北京：科学出版社，2008.

［15］崔栢滔．论语大义［M］．北京：中央编译出版社，2011.

［16］潘新和．语文：表现与存在［M］．福州：福建人民出版社，2004.

［17］干国祥．构筑理想课堂［M］．天津：天津教育出版社，2009.

［18］魏智渊．构筑合宜的大脑［M］．天津：天津教育出版社，2009.

［19］叶澜．让课堂焕发出生命活力——论中小学教学改革的深化［J］．教育研究，1997（9）．

［20］胡立根．试论中学语文教学的“智能势差”困境及其出路［J］．课程·教材·教法，2013（6）．

［21］杨磊．汝水岸边追梦人［N］．教育时报，2008—04—30（1）．

［22］高万祥，王自成．从生命语文到生命教练［N］．教育时报，2010—02—03（2）．

后　记

从“生命语文”到“生命教练”

高万祥：王自成老师，你好！作为同行，和你对话交流我觉得十分亲切。让我感到亲切的还有《教育时报》记者杨磊给你的称号“汝水岸边追梦人”。是的，语文教师应该是一个拥有梦想和激情的人，一个有信仰的人，一个为自己的人生追求而活的人。读了关于你的一些报道和你所写的文章，我有一种强烈的感受，“生命语文”成就了你做一个“生命教练”的美好梦想！能不能请你说说，你为什么会提出“生命语文”这一理念呢？

王自成：好的。每年新学期开学，学生最先打开的往往是语文课本，因为那里面有引人入胜的美妙故事，有令人深思的哲理……可是一旦进入正式的语文课堂，学生大多会慢慢失去对语文学习的兴趣，现实中的语文学习简直味同嚼蜡。为什么？看看语文课堂上教师和学生都在干什么就知道了。我们常常可以看到，课堂上，教师不是带领学生品味词句的美妙和隽永、欣赏文本的丰富与深刻，而是在进行划分段落、概括大意、总结中心、提炼艺术特色等抽象架空的概括与分析……语文课不再是流光溢彩、充满生命活力的“秦风汉韵”和“唐诗宋词”，而沦为学生、教师获得成绩的快捷工具。

高万祥：我很有同感。我一直以为，在当代中国基础教育领域，语文是一门比较落后的学科。然而，理论永远是灰色的，世界和真理都是在论辩中发展前进的。我以为，暂时概括不出一个大家都能接受的“语文”定义不要紧，只是再也不能用“工具说”限制大家。作为一门人文性很强的基础学科，语文教学的主要任务应该是语言能力和情感品质的培养，这是其他学科不能代替的。语文教育和改革不能用任何模式、任何框框束缚人们的手脚，只要能让学生的语言能力、思维能力和生命品质得到和谐发展，任何在实践基础上的大胆创新都应该得到鼓励和支持。正是在这个意义上，我觉得你提出的“生命语文”值得肯定。那么，究竟什么是“生命语文”，你是如何理解的呢？

王自成：我认为，语文是真，洋溢着创作者丰富而真挚的情感；语文是善，承载着诚信与爱心，充盈着欢喜与仁德；语文是美，一个个文字就是一幅幅优美的画、一串串灵动的音符。文本是有生命的，学生是有生命的，教师是有生命的，语文是有生命的。理想的语文教育，应该还原文本的生命本质，唤醒学生的生命情感，展现师生的生命激情。

王自成：“生命语文”教育包含三个方面。一是还原语文的生命本质。教学《陈奂生上城》时，我引导学生抓住“悠悠上城来”的“悠悠”一词进行揣摩研讨。“悠悠”写出陈奂生“今日上城”时迈出的既不是因尚未填饱肚子而虚弱无力的脚步，也不是行色匆匆的脚步，而是一个十一届三中全会后刚刚填饱肚子、心情愉悦的农民特有的脚步。由此可以触摸到深刻的社会主题，还原作品鲜活的生命。二是唤醒学生的生命情感。“教育意味着一棵树摇动另一棵树，一朵云推动另一朵云，一个灵魂唤醒另一个灵魂。”教学边塞诗、闺怨诗时，我说：“20世纪七八十年代，越南对中国发动战争。为了保家卫国，许多年轻的战士走上战场。于是，反映老山前线战士与家中亲人相互思念的军旅歌曲开始流行，如《十五的月亮》。它其实就是当代的边塞诗，反映了前线战士与妻子间的相互思念和战士们深明大义、保家卫国的情感。”一曲《十五的月亮》，拉近了学生与文本之间的距离，唤醒了学生的生命情感，点燃了学生心中的激情。学生发现诗歌就是对身边现实的反映，并由此爱上诗歌，爱上语文。三是展现师生的生命激情。《归去来兮辞》是东晋时期陶渊明的作品，与学生的生活有一定距离。为了让学生体会陶渊明归隐后的自由情怀，我引导学生揣摩和诵读“登东皋以舒啸”几句，问学生在什么情况下会“放声长啸”。学生回答说，心情压抑想释放。我继续引导，要求学生带着释放的感觉诵读句子。学生进入

江苏凤凰教育出版社
《行知工程》系列丛书目录

系列	序号	书名	主编	定价
创新教学探索系列	1	《“生命语文”探索——焕发语文生命力的思考与实践》	王自成	30.00
	2	《粘连作文教学：让习作成为有个性的自我建构》	黄瑞夷	30.00
	3	《备学式教学——在体验中建构数学思维》	单广红　范雪梅	30.00
	4	《向着自主进发——自主教育的创新实施智慧》	朱亚红	30.00
	5	《写中学——让学习更有效的学科写作教学》	钟传祎	30.00
	6	《小学科学实验总动员——大科学课堂有效提升学生创新力》	江美华	30.00
	7	《小学语文单元整体课程实施与评价》	李怀源	30.00
	8	《小学英语单元整体课程实施与评价》	李怀源	30.00
	9	《小学数学单元整体课程实施与评价》	李怀源	30.00
班级文化系列	10	《做幸福的班主任》	吕　丽	26.00
校园生态化系列	11	《点燃学习的激情——构建校园生态化学习型组织》	杨树岳	30.00
	12	《课改突围——构建学校生态化教学体系》	杨树岳	30.00
教学信息化系列	13	《巧用白板教语文——信息技术与语文教学操作指南》	蒋丽清	30.00
	14	《跨越式实现高效课堂——信息技术与课程整合高效教学方案评析》	陈　玲　刘　禹	30.00
教育新思考系列	15	《语文教育向何处去》	王　丛	26.00
	16	《教育，就是做好普通的事》	孙志毅	27.00
	17	《走出语文的偏见——让学生体悟文本的原义》	丛智芳	30.00
	18	《让语文教学更高效——批注式阅读教学探索》	韩中凌	30.00
	19	《读写互促——探寻学以致用的语文教学》	曹　龙	30.00
	20	《跳出数学教数学——用文化融通数学教学》	马建秀	27.00
教师必读系列	21	《教师必学的16堂修养课》	武宏伟	30.00
	22	《教师不可不知的教学心理效应》	叶勇军	30.00
	23	《班主任不可不知的管理效应》	奚一琴	30.00
	24	《教师不可不知的教育心理效应》	孙　媛	30.00
	25	《校长不可不知的管理效应》	谢申刚　张金豹	30.00
	26	《成为好教师的7项修炼》	王福强　李维华	30.00
	27	《如何让学生会学习》	龙　冰	30.00
	28	《如何让学生爱学习》	周震宇　许小燕	30.00

系列	序号	书　　名	主编	定价
名师感悟系列	29	《让心灵伴着歌声成长——22位音乐名师的教育智慧》	陈　璞	30.00
	30	《超越自我的教师——32位名师的成长感悟》	李卫东　李秀伟	35.00
	31	《心灵的守护者——19位名班主任的教育智慧》	王晓松　曲文弘	30.00
	32	《名师感悟班主任有效工作艺术90例》	符礼科	30.00
	33	《名师感悟有效教学90例》	林高明　徐玉烟	30.00
教育探索者系列	34	《让个性绽放精彩——学校课程体系整合与创生》	谢建伟　徐淑萍	30.00
	35	《让每个学生都幸福——最能润泽生命的学校文化建设》	谢建伟　张新喜	30.00
教育家核心思想系列	36	《多元智能理论的本土化应用》	刘治富	30.00
	37	《大教育家最具施教力的教学思想》	白刚勋	30.00
教育管理力系列	38	《"走"出教育的精彩：走动式学校管理文化构建》	罗　军	30.00
	39	《校长兵法：学校管理四十六计》	皮大鹏	30.00
核心教学主张系列	40	《新生代语文名师核心教学主张》	许友兰	30.00
行思讲坛系列	41	《师爱无疆——润泽学生心灵的教育故事》	侯忠彦	30.00
	42	《怎样反思更有效——促进教师专业发展的反思策略》	诸贝贝	30.00
	43	《成为高度自觉的教育者——写给后课标时代的数学教师》	许卫兵	30.00
	44	《哲思数学课》	刘全祥	30.00
	45	《把学生教聪明》	严育洪	30.00
	46	《教师最应该规避的教育误区》	杨坤道	30.00
	47	《用语文的方式教语文——潘文彬教学主张与实践智慧》	潘文彬	30.00
	48	《怎样让阅读教学更有效 ——提升教学能力的十种读诵模式》	汪秀梅	28.00
	49	《让生命在润泽中起舞——当代小学生最需要的主题班会》	吴联星　罗　琳 冯卫东	30.00
	50	《让生命欢快拔节——当代中学生最需要的主题班会》	冯卫东　吴联星	30.00
	51	《课堂因生成而精彩——高效教学的生成智慧》	张文质	30.00
	52	《回到每一个人的生命化教育 ——张文质二甲中学教育行动录》	张文质	30.00
	53	《智慧数学课——黄爱华教学思维的实践策略》	黄爱华	30.00

系列	序号	书名	主编	定价
学生心理解码系列	54	《孩子问题行为一点通 ——只有好老师才知道的学生心理谜底》	严育洪	30.00
高效能教学系列	55	《让作文落地生根——提高写作实效的教学策略》	黄桂林	30.00
	56	《高效能作文教学 5 项修炼》	陈步华	30.00
	57	《高效能校长的 10 个好习惯》	张　勤	30.00
	58	《高效能教师的 10 个好习惯》	谢　英	30.00
	59	《高效能语文教学 5 项修炼》	王其华	30.00
教育求索系列	60	《思政教学的人文力量》	戴晓华	30.00
	61	《师道新说——给教育者的 30 条箴言》	徐　卫	30.00
中国教育变革之路丛书	62	《百年树人师何为——教师队伍建设困顿与出路》	将丽珠　李玉向	30.00
	63	《入园何时不再难——学前教育困惑与抉择》	曾晓东 范　昕　周　慧	30.00
	64	《三尺书桌何处寻——流动人口子女教育困难与破解》	范先佐	30.00
	65	《苦旅何以得纾解——高考改革困境与突破》	郑若玲	30.00
	66	《择校纠结何时了——择校问题困局与治理》	曾晓东　周文海 曾娅琴	30.00
创新教学思想系列	67	《“大问题”教学的形与神》	黄爱华　张文质	30.00
校长领导力系列	68	《高品质学校生长要素》	王益民	30.00
	69	《校长高校教学领导力提升策略》	徐世贵　郭文哿	30.00
教育漫笔系列	70	《课堂，诗意地栖居》	吴书华	30.00
新思维系列	71	《教育中的“不一定”——打破教育的 19 种思维惯式》	严育洪	30.00
教学全手册系列	72	《小学习作教学全手册》	郭家海	30.00
	73	《中学写作教学全手册》	郭家海	30.00
	74	《情境教学操作全手册》	冯卫东	35.00
	75	《合作教学操作全手册》	李春华	35.00
	76	《探究教学操作全手册》	周新桂	35.00
	77	《自主教学操作全手册》	诸葛彪	35.00
	78	《创新教学操作全手册》	王　玮	35.00
	79	《班主任工作全手册》	刘沛华	35.00
	80	《新教师工作全手册》	周震宇	35.00
	81	《学生心理健康教育全手册》	刘海莉　刘春杰	35.00
	82	《高效教学操作全手册》	马友平	35.00

系列	序号	书　　名	主编	定价
校本研修系列	83	《特色校本课程开发范例解读》	刘永平　李秀伟　张雪梅	30.00
	84	《高效校本研修模型构建艺术》	刘素雁	30.00
	85	《走向实践的教研——中小学教育科研引领与应用》	江　敏	30.00
教学提升系列	86	《有思想地教阅读——让学生学会品读文字真意》	王学东	30.00
教育艺术提升系列	87	《藏在师生体态语言里的教学智慧》	张　宇　廖生波	30.00
幼师成长系列	88	《幼儿行为背后——教师如何读懂幼儿的心思》	吴亚英	30.00
	89	《最具教育力的22种幼儿教育思想》	杨　达	30.00
	90	《幼儿教师必知的安全应急措施》	杨　达	30.00
	91	《幼儿教师必备的教育技能》	李　玲	30.00
	92	《卓越园长21条幼儿园管理策略》	周　丹　江东秋	30.00
创新人才培养系列	93	《创新人才培养校园科普精品课程开发与指导——人大附中创新人才培养》	罗　滨	30.00
	94	《创新人才培养特色校本课程开发与创新人才培养——清华附中“国际安全下的科学技术”课程构建与实施》	王殿军　方　研　赵宏雁	30.00
	95	《创新人才培养：学校实验室建设与管理》	刘克文　杨发丽　杨　平	30.00
	96	《创新人才培养：数学探究活动开发与指导》	马云朋　韩继伟	30.00
	97	《创新人才培养：化学研究活动开发与指导》	王　磊	30.00
	98	《创新人才培养：物理探究活动开发与指导》	廖伯琴	30.00
	99	《创新人才培养：地理探究活动开发与指导》	张建珍　陈　澄	30.00
	100	《创新人才培养：生物探究活动开发与指导》	张迎春	30.00
	101	《创新人才培养：理念探索与思维突破》	王晶莹	30.00
教育思想者系列	102	《教育，一切从孩子出发》	黄　俭	30.00
新生代通派名师系列	103	《简约数学教学》	许卫兵	30.00
	104	《语文教学的本真——情意课堂展现母语之美》	吴建英	30.00
	105	《语文课堂的理想追求——欢快达成三维目标》	董一红	30.00
	106	《阅读教学的真髓——意象构建读出文学的真美》	祝　禧	30.00
	107	《美术教育的真谛——审美人生教育让生命绚丽成长》	陈铁梅	30.00
	108	《语文教学的理想境界——无痕教学润泽生命》	李　凤	30.00
	109	《儿童作文的本义——嬉乐作文让儿童乐并成长着》	王笑梅	30.00
	110	《名师是怎样炼成的》	王建明　王笑君	35.00